Jonathan Byron's

DIE WELT IN 60 MINUTEN

FRANZISKA VON AU

MANIEREN

in 60 Minuten

THIELE VERLAG

Inhalt

Intro

Regeln für den Umgang miteinander existieren wohl schon, seit es Menschen gibt. Ohne solche »Etikette« ging es nie – weder in der Höhle bei den Neandertalern noch bei Hofe, weder bei einem Stamm von Ureinwohnern in Afrika, Australien oder Südamerika noch in einer Diebsgilde. Und selbstverständlich auch nicht in unserer modernen Gesellschaft. »Man« benimmt sich, je nach Kulturkreis, nach Herkunft, nach geschichtlicher Überlieferung; unser Beruf und unsere Freizeitgestaltung, unsere Freunde und Partner spielen ebenfalls eine Rolle dafür, wie wir auftreten, wie wir gesehen werden möchten. Dazu kommt, dass es im persönlichen und gesellschaftlichen Leben natürlich auch immer wieder Phasen gibt, in denen sich das Ganze umkehrt: Man lehnt sich gegen allzu strenge Benimmregeln auf, weil man – scheinbar nicht ganz zu Unrecht – vermutet, »gute Manieren« seien lediglich um ihrer selbst willen vonnöten, sie seien ein Druckmittel und eben gerade kein unerlässliches »Regelwerk«, um soziales Miteinander zu vereinfachen und zu erleichtern.

Die so genannte Etikette ändert sich ständig und passt sich so an neue Gegebenheiten an. Bestes Beispiel dafür sind wohl Internet und mobile Telefonie: Vor ein paar Jahren gab es beides nicht im Alltag, heute gehört es zu Job und Privatleben einfach dazu. Aber es wurden dafür keine komplett neuen Regeln erfunden. Es war völlig ausreichend, im Grunde »alte« Selbstverständlichkeiten leicht zu variieren und auf die modernen Kommunikationsmittel umzusetzen. Aber auch dafür sollte man wissen, was gute Manieren eigentlich sind.

Kann man »gutes Benehmen« in nur 60 Minuten lernen?

Geht das überhaupt?

Oder sind Sie nach der Lektüre nicht dann doch eher einer von den Menschen, denen man nachsagt: »Der ist im D-Zug durch die Kinderstube gerast« – und hat nichts mitbekommen?

Seien Sie sicher: Die Basics können Sie in einer Stunde lernen! Danach sind Sie vielleicht nicht in der Lage, eine perfekte Tischordnung für den Botschaftsempfang im Königreich Nepal zu organisieren. Sie müssen sich bestimmt auch erst schlau machen, wie man den Abgesandten der britischen Royals anspricht, wenn er zu einer Ausstellungseröffnung erscheint. Aber mal ganz ehrlich: Wie oft kommen Sie im »ganz normalen Leben« in solche Situationen?

Wahrscheinlich nie.

Und wenn Sie tatsächlich das Bundesverdienstkreuz verliehen bekommen und zur entsprechenden Veranstaltung vielleicht nach Berlin ins Schloss Bellevue eingeladen werden, können Sie sicher sein: Das Protokollamt wird Sie vorher umfassend informieren. Auch dann übrigens, wenn Sie als geladener Gast zu einem großen Staatsempfang gebeten werden sollten …

In diesem Büchlein erfahren Sie alles über die Grundlagen von Höflichkeit, gutem Auftreten und Takt. Damit sind Sie zunächst einmal gerüstet. Die Basis von allem ist nämlich ganz einfach.

Einen wichtigen Rat möchte ich Ihnen ans Herz legen: Haben Sie keine Scheu, nachzufragen, wenn Sie etwas nicht wissen oder kennen. Das ist allemal besser, als sich zu verbiegen und vermeintliche Knigge-Regeln falsch auszulegen. Nur aus dem unsicheren Gefühl heraus, Sie würden sich blamieren, wenn Sie zugeben müssten, etwas nicht zu kennen oder zu wissen. Freiherr Knigge selbst hat das übrigens ganz ähnlich gesehen. Und er hat niemals starre Regeln entworfen oder gar vorgeschrieben. Sein Hauptwerk, auf das alle sich beziehen, wenn sie vom »Knigge« sprechen, heißt: »Über den Umgang mit Menschen«. Darin steht geschrieben: »Handle gut und anständig, weniger anderen zu gefallen, eher um deine eigene Achtung nicht zu verscherzen.« Genau darum geht es.

Die Basis

Es geht nicht darum, sich stocksteif und starr an irgendwelche Regeln zu halten, nur weil die irgendwann mal jemand aufgestellt hat. Höflichkeit und Takt sind je nach Situation wandelbar. Auch bei guten Manieren zählt nämlich der gesunde Menschenverstand. Es kann durchaus mal opportun sein, eben nicht »die Benimmregel« anzuwenden – und gerade damit zu zeigen, dass man sein Gegenüber höflich und taktvoll behandelt.

Taktvolles Verhalten zeigt sich beispielsweise, dass Sie nicht jedes Mal »Gesundheit« sagen, wenn jemand niest. Es kommt auf die Situation an: Stellen Sie sich vor, Sie sind mit einem Allergiker im selben Raum und dieser leidet unter Heuschnupfen. Spätestens beim dritten »Gesundheit« klingt Ihr gut gemeinter Wunsch ironisch, wenn nicht gar lächerlich. Wenn Sie merken, dass einem anderen die Situation sowieso schon peinlich ist (bei Konferenzen und Tagungen, im Theater oder Kino, in der Kirche oder bei einem Begräbnis), verzichten Sie besser auf Ihre freundlich gemeinte Äußerung. Im Grunde kommentiert man Körpergeräusche gar nicht. Andererseits: Sie würden im Privatleben vielleicht so manchen vor den Kopf stoßen, wenn Sie bei einem Niesen nicht »Gesundheit« wünschen. Die Situation entscheidet – und Ihr gesunder Menschenverstand.

Höflichkeit und Takt

Gute Umgangsformen fangen unter anderem damit an, dass Sie niemanden durch Ihr Äußeres, Ihr Auftreten und Ihr Benehmen vor den Kopf stoßen. Das heißt keinesfalls, dass Sie sich um jeden Preis anpassen müssen. Sie können und sollen sich Ihre Individualität bewahren. Dennoch müssen Sie sich tagtäglich, im Beruf wie im Privaten, mit Ihren Mitmenschen arrangieren. Sie wollen ja nicht zum Außenseiter werden. Sie sind für absolut jede Situation gerüstet, wenn Sie sich drei Punkte in Erinnerung rufen:

- Ihr Ziel: Was wollen Sie erreichen?
- Ihr Auftreten: Wie sollen andere Sie sehen?
- Ihr Image: Welchen Eindruck sollen andere von Ihnen haben?

Das klingt jetzt ein wenig nach Bewerbungsgespräch, meinen Sie? Im Grunde ist es aber doch auch so: Wir alle möchten beim anderen »ankommen«, wir wollen sympathisch wirken. Niemand hat wohl die Absicht, einen Fremden bewusst vor den Kopf zu stoßen. Das Ziel ist es also, freundlich aufgenommen zu werden. Entscheidend dafür ist, welchen Eindruck Sie bei anderen hinterlassen.

Der erste Eindruck – das ist leider von der Natur so eingerichtet – entscheidet darüber, ob Sie zunächst als positiv oder negativ empfunden werden (bzw. als sympathisch oder unsympathisch). Es ist zwar möglich, aber nicht einfach, dieses »Ersturteil« zu revidieren. Dazu braucht es meist eine etwas längere Bekanntschaft. Genau deshalb ist es wichtig, dass Sie auf ein gepflegtes Äußeres zu achten. Und natürlich auf höfliches und taktvolles Benehmen.

Man erkennt am ehesten, was Höflichkeit und Takt sind, wenn sich jemand in Ihrer Umgebung eben genau nicht so verhält. Oder wenn Sie selbst das Gefühl haben: »Jetzt bin ich in ein Fettnäpfchen getreten!« Gar nicht unbedingt, weil Ihr Gegenüber Sie das spüren lässt oder weil ihm wegen Ihres Fehlverhaltens vielleicht kurz die Gesichtszüge entgleisen. Sondern weil Sie vermutlich, ganz automatisch, aus Ihrem Elternhaus, aus Kindergarten und Schule bestimmte Regeln übernommen haben. Sie wissen also im Grunde, was »man« tut und nicht tut. Unsere Gesellschaft hat sich diese Verhaltensregeln trotz aller Umbrüche und ständigen Wandels bewahrt. Sie sind Ihnen durchaus vertraut. Dennoch kann es passieren, dass Sie in einer bestimmten Situation zwar »regelgerecht« handeln, aber eben genau deshalb in ein Fettnäpfchen tappen.

Das ist nur scheinbar ein Widerspruch. Sicher erinnern Sie sich selbst an Gelegenheiten, die für Sie so richtig peinlich waren, die vielleicht sogar zu einem leider unvergesslichen Schlüsselerlebnis wurden, weil Sie zielsicher in einen Fettnapf getreten sind. Bestimmt war es Ihnen auch schon einmal unangenehm, wenn ein anderer einen Fauxpas beging. Auf neudeutsch nennt man das »Fremdschämen« – und Sie handeln taktvoll, wenn Sie dann eben nicht mit dem Finger auf den anderen zeigen, sondern seinen Fehler wenn irgend möglich überspielen: mit einem Lächeln, mit einer kleinen, durchaus auch humorvollen Bemerkung, mit einer Geste, die eine unangenehme Situation entspannt und alles wieder ins Lot rückt.

Höflich sein heißt nicht, dass man lügt, heuchelt oder sich verbiegt. Man kann »Wahrheiten« höflich sagen, man muss deshalb einen anderen nicht brüskieren, verletzen oder gar beleidigen. Nehmen Sie sich als Motto für Ihre Wahrhaftigkeit im Umgang mit Ihrem Mitmenschen einen Satz von Arthur Schnitzler: »Toleranz heißt: Die Fehler der anderen entschuldigen. Takt heißt: sie nicht bemerken.« Damit liegen Sie immer richtig.

Es hat nichts mit Unaufrichtigkeit zu tun, wenn Sie es vermeiden, Ihrem Partner und Ihrer Familie, Freunden oder auch Kollegen und

Vorgesetzten die harte ungeschminkte »Wahrheit« ins Gesicht zu schleudern. Erstens ist Ihre »Wahrheit« bestimmt nicht objektiv, und zum zweiten: Vielleicht legen Sie selbst auch nicht unbedingt Wert darauf, die ungefilterten Ansichten anderer über Ihre Person zu erfahren. Der Filter – das sind eben dann Höflichkeit und Takt, der Wunsch, dem anderen zwar ehrlich, aber nicht verletzend zu begegnen. Ihre Wortwahl, der Ton, in dem Sie sprechen, auch der Zeitpunkt Ihrer Aussage, Ihr gesamtes Auftreten sind die Instrumente, die Ihre »Wahrheit« angenehm oder unangenehm im Gedächtnis haften lassen.

Höflich sein bedeutet auf der anderen Seite auch nicht, dass Sie sich alles gefallen lassen müssen. Aber wie schon erwähnt: Der Ton macht die Musik. Selbst auf einen verbalen Angriff kann man höflich reagieren. Klare Ansagen, freundlich verpackt, vielleicht mit einer Prise Humor gewürzt – damit erreichen Sie mehr als mit derben Worten.

Zum dritten gibt es Situationen, in denen eine besonders vorsichtige Behandlung mit der Wahrheit angebracht ist: zum Beispiel am Krankenbett und bei einem Todesfall, bei der Auseinandersetzung mit Ihren Vorgesetzten und Kollegen.

• Taktvoll handeln heißt, sich höflich zurückzunehmen. Wenn Sie in der Lage sind, sich in Situationen hineinzuversetzen, die anderen peinlich sein könnten – dann handeln Sie automatisch taktvoll. Und wenn es nötig ist, können Sie auch – schweigen. Man muss nicht alles kommentieren.

• Wer unhöflich und taktlos ist, zeigt sich rücksichtlos. Denn er stört seine Mitmenschen – Nahestehende ebenso wie Fremde.

• Wer höflich handelt, achtet den anderen, aber auch die eigene Person. Das hat Vorteile – im privaten Umfeld ebenso wie im beruflichen. Einem höflichen Menschen begegnet man im Normalfall ebenso. Also mit Respekt und Achtung.

Danke und Bitte

Es sind zwei Zauberworte – umso mehr, wenn sie von einem Lächeln begleitet werden. Es sollte Ihnen selbstverständlich sein, Bitte und Danke zu sagen. Und zwar nicht nur im

Job oder in offiziellem Rahmen, sondern immer und überall. Ob Sie eine Verkäuferin nach einem bestimmten Artikel fragen, ob Sie jemanden um eine Auskunft ersuchen, ob Ihnen Ihre Frau oder Freundin bei Tisch die Butter reichen oder Ihr Sohn sein Zimmer aufräumen soll: Die kleinen Worte Bitte vorher und Danke nachher sollten bei keiner Gelegenheit fehlen. Niemals.

Auch das hat mit Respekt zu tun: Selbst kleine Handreichungen sind ein Gefallen, den man Ihnen erweist – und dafür ist Ihre entsprechende Reaktion erforderlich. Überall auf der Welt kommen Sie mit Bitte und Danke weiter. Sie sollten es sich übrigens angewöhnen, im Urlaub wenigstens genau diese beiden Wörtchen in der Landessprache zu beherrschen – damit werden Ihnen viel mehr Türen offenstehen.

Respekt vor sich selbst – und anderen

Sich selbst respektieren – das heißt: Sie wissen, was Sie wert sind. Sie halten sich nicht für ein graues Mäuschen, das nichts auf die Reihe kriegt und sich am besten in den eigenen vier

Wänden verkriecht. Aber Sie überschätzen sich bitte auch nicht. Respekt vor sich selbst heißt nicht, dass Sie sich für den Nabel der Welt halten und sich alles nur um Ihre Person drehen muss. Der gesunde Mittelweg ist, dass Sie Ihre Stärken, aber genauso Ihre Schwächen kennen. Und damit umgehen können.

Zur Selbstachtung gehört außerdem, dass Sie sich nicht gehen lassen. Klar, können Sie sich mal ein Bummelwochenende gönnen, an dem Sie im alten Trainingsanzug vor dem Fernseher sitzen und Pizza aus dem Pappkarton essen. Aber es sollte nicht der Regelfall sein. Sie laufen nicht ungepflegt durch die Gegend, auch nicht in Ihrer Wohnung. Deswegen müssen Sie nicht ständig gestylt sein, als ob in der nächsten Viertelstunde hoher Besuch vorbeikäme. Aber wer ständig in vielleicht sogar unsauberen »Hausklamotten« herumläuft, sich selbst nicht pflegt, achtet eben nicht auf sich. Wie sollen Ihnen dann andere Wertschätzung entgegenbringen?!

Höflichkeit ist zudem immer Respekt vor dem Mitmenschen und hat sehr viel mit Rücksichtnahme zu tun. Ein klein wenig übrigens auch mit Eigeninteresse. Denn das alte Sprichwort gilt immer noch: »Wie ich in den Wald hineinrufe, so schallt es heraus!« Wenn Sie also respektvoll behandelt werden möchten, müssen Sie Respekt auch Ihren Mitmenschen entgegenbringen. Sie werden geachtet, wenn Sie andere achten.

Das gilt überall: im Job – selbst wenn Sie einen Kollegen oder Vorgesetzen »nicht ausstehen« können. Im Privatleben – selbst wenn Ihren ein Familienmitglied oder ein Nachbar wirklich »quer liegt«. Deshalb müssen Sie sich nicht verbiegen oder dem anderen »schönreden«, wenn Ihnen nicht danach ist. Aber Sie bleiben höflich, Sie sagen »Guten Tag« und schneiden einen anderen nicht, selbst wenn der Sie »übersieht«. Wenn es Ihnen leichter fällt, halten Sie sich einen Satz von Carl Orff vor Augen: »Sei reizend zu deinen Feinden! Nichts ärgert sie mehr.«

Entschuldigen

Zur Achtung anderen gegenüber gehört außerdem, dass Sie sich entschuldigen, wenn

Sie einen Fehler gemacht haben. Niemand gibt gerne zu, dass er sich geirrt, im Ton vergriffen oder falsch gehandelt hat. Es ist kein Zeichen von Schwäche, einen Fehler zuzugeben – im Gegenteil: Es zeugt von Selbstbewusstsein und Stärke.

Eine ausbleibende Entschuldigung kann eine ganze Menge anrichten, weil Beziehungen im Privaten wie Beruflichen belastet werden. Wenn Sie aber zugeben, sich falsch verhalten zu haben und dies gleichzeitig bedauern, erweisen Sie dem anderen Respekt. Und Sie zeigen ihm, dass er und vor allem sein Verhältnis zu ihm Ihnen wichtig sind.

Die Schwere Ihres »Vergehens« bestimmt die Form Ihrer Entschuldigung: Bei einer kleinen Meinungsverschiedenheit unter guten Freunden reicht vielleicht schon der Griff zum Telefonhörer aus. Manchmal genügt es, sich für eine Vergesslichkeit entschuldigen und hinzufügen: »Du weißt doch, dass ich manchmal ganz konfus bin und mir nichts merken kann!« Oder Sie haben sich im Ton vergriffen und sagen: »Tut mir leid, dass ich so ausgeflippt bin. Aber heute geht es bei mir einfach absolut chaotisch zu…«

Wichtig: Ihre Entschuldigung sollte ehrlich gemein sein und klingen. Ein wütend hingeworfenes »Dann entschuldige ich mich eben« ist sinnlos: Der Empfänger merkt sehr wohl, dass Ihre Aussage nicht ernst gemeint ist. Vermeiden Sie jedoch übertriebenes »Zu-Kreuze-Kriechen«: Solche Unehrlichkeit ist rasch zu durchschauen.

Ist die Situation jedoch sehr verfahren, schreiben Sie besser einen Brief. Nehmen Sie sich nicht zu lange Zeit! So manche Freundschaft hat schon einen empfindlichen Knacks bekommen, weil man zu lange wartete, bis man sich zu einer Entschuldigung durchgerungen hatte.

Im Berufsleben entschuldigen Sie sich möglichst schnell. Sofort, wenn Sie einen Fehler bemerkt haben! Schon deshalb, um schlimmere Folgen zu vermeiden. Natürlich vermeiden Sie es, Ihren Fehler zwar einzugestehen, aber gleichzeitig einen anderen Sündenbock zu präsentieren (»Ich bin zwar heute mal zu spät gekommen, aber Frau XY kommt ja ständig zu spät.«).

Grüßen und Begrüßen

Sie frage sich vielleicht, ob es da einen Unterschied gibt. Es ist nur eine Kleinigkeit, aber: Einem Gruß muss kein Gespräch folgen, er ist lediglich ein höfliches Signal des Respekts. Den richtet man auch an einen Nachbarn oder Kollegen, dem man nicht besonders nahesteht. Den man vielleicht sogar nicht mag, aber dem man trotzdem höflich begegnen sollte.

- Mit einem Gruß zeigen Sie, dass Sie jemanden gesehen und erkannt haben. Zu jedem Gruß gehören der Blickkontakt und ein freundliches Lächeln.
- Bei der Begrüßung wechseln Sie ein paar Worte und reichen Ihrem Gegenüber möglicherweise die Hand.

Übrigens sind wir Deutsche eines der wenigen Völker, bei denen der Handschlag zur Begrüßung ganz selbstverständlich dazu gehört. Nach internationalen Regeln reicht man sich lediglich die Hand, wenn man sich zum ersten Mal begrüßt bzw. kennen lernt. Oder wenn man sich von jemandem für längere Zeit verabschiedet bzw. jemandem nach langer Zeit wiedertrifft.

Gerade in Deutschland kommt oft die leidige Frage auf: Wer grüßt wen zuerst? Ein höflicher Mensch wird lieber einmal »zu viel« oder »zu früh« grüßen als steif abzuwarten, ob die ihm zuerst »zustehende« Begrüßung auch wirklich erfolgt. Im Grunde ist es aber ganz einfach: Es grüßt stets zuerst,

- wer einen Raum betritt (dies gilt für das private Zimmer ebenso wie für ein Restaurant oder das Büro) und
- wer als Einzelner auf eine Gruppe zukommt.

Die zweite Hauptregel lautet: »Ladies first!«. Diese Vorschrift gilt dann allerdings nicht mehr, wenn Sie mehr als fünf Personen auf einmal begrüßen. Dann gehen Sie der Reihe nach vor.

Sie sind unsicher, wann Sie grüßen sollten? Ganz allgemein ist ein freundlicher Tagesgruß angebracht, wenn Sie

- beim Arzt oder in der Klinik in ein Wartezimmer kommen.
- ein kleineres Geschäft oder Restaurant betreten.
- in einen Fahrstuhl »zusteigen«.

• in ein fremdes Bürozimmer kommen. Auch dann, wenn Sie ein Büro in einer Behörde betreten.
• Gäste oder Angestellte auf dem Flur eines Hotels oder einer Pension treffen.
• an Ihrem Arbeitsplatz Besuchern oder anderen Fremden begegnen.
• einem Verkäufer im Supermarkt oder Kaufhaus eine Frage stellen. Und auch beim Bezahlen an der Kasse sollten Sie freundlich grüßen.
• bei der Bahn ein Zugabteil betreten. Im Großraumwagen grüßen Sie allerdings lediglich Ihre Sitznachbarn.
• sich im Flugzeug, im Bus oder anderen Verkehrsmitteln neben einen Anderen setzen.

Benimmregeln in Familie und Partnerschaft

So mancher meint: »In den eigenen vier Wänden kann ich tun und lassen was ich will. Da bin ich privat, da muss ich nicht auf gutes Benehmen achten!«

Wer so denkt, liegt eindeutig falsch! Gerade in der Partnerschaft, gerade in der Familie mit Kindern sind gute Manieren wichtig. So manche Beziehung scheitert nämlich genau daran, dass man sich gehen lässt. So nach und nach reißt es ein, dass man dem Partner das Gefühl vermittelt: »Du bist es mir nicht mehr wert, dass ich mich pflege und ansehnlich präsentiere!«

Dass Kinder vom Vorbild der Eltern lernen, sollte sich herumgesprochen haben. Wer seinem Nachwuchs vorlebt, dass man Bitte und Danke sagt, dass man sich am Frühstückstisch mit »Guten Morgen« begrüßt und auch schon zu früher

Morgenstunde durchaus ein bisschen gepflegt aussehen kann, wird staunen, was bei den lieben Kleinen alles verinnerlicht wird.

Gepflegtes Aussehen - saubere Kleidung

Natürlich müssen Sie bei der Hausarbeit oder beim Aufräumen von Keller, Speicher oder Garage nicht aussehen wie frisch vom Friseur. Sie tragen dazu selbstverständlich Arbeitsklamotten und nicht die neueste Designermode. Dennoch – von solchen Ausnahmen einmal abgesehen – achten Sie auch in Haus oder Wohnung, auch in der Freizeit auf sich selbst:

- Ihr Haar sollte immer einigermaßen frisch aussehen. Sie lassen nichts »ungepflegt wuchern«, sondern haben einen guten Haarschnitt. Regelmäßige Haarwäsche ist selbstverständlich.
- Ihre Hände sind gepflegt. Dazu gehört, dass die Fingernägel sauber und geschnitten oder gefeilt sind.
- Als Mann sind Sie bitte entweder glatt rasiert und tragen einen gepflegten Bart. Drei-Tage-Bart ist »erlaubt«, aber bitte nicht einfach

»unrasiert«, sondern eben wirklich entsprechend gestutzt.

»Kleidung macht Leute« sagt ein altes Sprichwort. Das gilt beim Auftreten in der Öffentlichkeit (dazu später mehr), aber natürlich genauso im privaten Umfeld. Man zeigt durch seine Kleidung, dass man in der Lage ist, sich auf unterschiedliche Situationen einzustellen. Während man für den Job wohl meist eher seriöse oder klassische Garderobe wählt, kann man sich privat so geben, wie man sich fühlt – oder wie man sich eben darstellen möchte. Dennoch sollte immer alles sauber und in Ordnung sein, selbst bequeme »Hauskleidung« muss nicht aus einem ausgeleierten Trainingsanzug oder gar der Kittelschürze bestehen.

Familiäre Anstandsregeln

Selbst wenn es manchmal schwerfällt: Höflich und zuvorkommend sollten Sie sich auch dann Ihrem Ehe- oder Lebenspartner und vor allem Kindern gegenüber verhalten, wenn Sie gerade aus der Haut fahren wollen, weil irgendetwas Sie ungeheuer nervt. Dass das nicht immer einfach ist

– klar. Und dass man es manchmal nicht schafft – ebenso verständlich. Aber haben Sie bitte die Größe, sich zu entschuldigen, wenn Sie in einem Streit oder einer hitzigen Situation laut geworden sind oder sich sonst wie »daneben benommen« haben.

Zu den Anstandsregeln unter Ehe/Lebenspartnern und innerhalb der Familie gehört es,

- stets »Bitte« und »Danke« zu sagen.
- anzurufen oder eine SMS zu schicken, wenn man später nach Hause kommt. Das hat nichts mit Kontrolle zu tun, sondern damit, dass sich niemand Sorgen machen soll. Das heißt auch nicht, dass Sie minutiös Ihren Tagesablauf darlegen müssen.
- es als selbstverständlich anzusehen, dass die Eltern wissen, wo ihre Kinder sich aufhalten. Und es sollte auch für Ihre/n Partner/in kein Geheimnis sein.
- eine kurze Nachricht zu hinterlassen, wenn man unvorhergesehen aus dem Haus muss.
- darauf zu achten, dass jedes Familienmitglied seine Intimsphäre hat. Und dass diese von allen zu respektiert wird.

- dass das »stille Örtchen« von allen als solches betrachtet wird.
- dass Tätigkeiten, die zur Körperhygiene gehören, nicht in Gegenwart anderer verrichtet werden. Sondern am besten im Badezimmer.
- dass man sich bemüht, stets freundlich miteinander umzugehen.
- dass man jedes Familienmitglied so behandelt, wie man selbst gern behandelt werden möchte.

Familien mit Kindern brauchen sicher mehr und andere Regeln als ein Singlehaushalt oder ein Paar, das zusammenlebt. Es mag Ihnen lächerlich vorkommen, aber selbst ein paar wenige Regeln erleichtern das Zusammenleben enorm. Zumindest dann, wenn Sie konsequent durchgehalten werden. Für Paare gilt das genauso wie für Familien. Beispiele dafür sind etwa:

- »Wir schreien uns nicht an!«
- »Wir lassen einander ausreden!«
- »Vor dem Abendessen ist alles Spielzeug aufgeräumt!«
- »Wir kommen pünktlich zum Essen und bleiben sitzen, bis jeder fertig ist.«

Wenn man zum Paar wird

Wie Sie den oder die Richtige/n finden – das ist manchmal gar nicht so einfach. Es gibt nur wenige »Benimmregeln« für den erfolgreichen Flirt oder gar den glücklichen Weg in die Ehe.

Die einen kommen nach einer ganz »banal« erscheinenden Floskel ins Gespräch und verlieben sich, die anderen sind originell und fantasievoll – und kommen ebenfalls ans Ziel. Untersuchungen haben übrigens ergeben: Am erfolgreichsten ist der so genannte »Ed-Spruch«, um mit jemandem in Kontakt zu kommen. »Guten Tag, mein Name ist… und ich würde Sie gern kennenlernen!« – das war's. Das schafft selbst der Schüchternste… Wichtig ist nur eines: Verkünsteln und verkrampfen Sie sich nicht. Bleiben Sie ruhig – selbst wenn es schwer fällt. Was Sie auf jeden Fall beachten sollten:

• Rücken Sie Ihrem Gegenüber nicht zu nahe. Flirten ist zunächst ein Spiel mit Blicken, mit Lächeln, mit Andeutungen. Nicht mehr – aber auch nicht weniger.

- Zeigen Sie sich nicht als Angeber – das gilt für Frauen wie Männer gleichermaßen. Das turnt eher ab als an.
- Versuchen Sie etwaige Hemmungen nicht mit allzu auffälligem Auftreten, lautem Reden oder Lachen oder gar Alkohol zu überspielen.

Wenn Sie es »geschafft« haben und ein echtes Date vereinbart haben:

- Sie sind pünktlich – und natürlich ist Ihre Erscheinung tadellos. Eher under- als overdressed, und für die Dame gilt: nicht allzu offenherzig. Außer Sie wollen nur »das Eine«.
- Ganz gleich, wo Sie sich verabreden: Führen Sie bei Ihrem Rendezvous ein Gespräch – und halten Sie keinen Monolog. An Themen ist fast alles erlaubt – nur bitte keine bohrenden Fragen (etwa nach der weiteren Lebensplanung) und keine Klagen über den/die Ex.
- Halten Sie sich mit Alkohol zurück – niemand schätzt es, wenn der/die Partner/in beim Rendezvous angetrunken oder gar völlig hinüber ist.
- Das Ende vom Date – ja oder nein? Wenn sich herausstellt, dass Ihre Erwartungen nicht erfüllt

werden, seien Sie fair. Spiegeln Sie nichts vor, sondern sagen Sie – nett, aber klar! –, was Sache ist. Dasselbe gilt, wenn Sie keine Beziehung suchen, sondern nur ein flüchtiges Abenteuer. Wenn es ein Ja ist: Gratulation. Sie sind beide erwachsen und sollten wissen, wie weit Sie am ersten Abend gehen möchten.

Und wenn es weitergeht? Wenn es tatsächlich »ernst« wird?

Freuen Sie sich – und haben Sie keine Angst. Weder vor einem Heiratsantrag noch vor dem Antrittsbesuch bei den Schwiegereltern. Verständlich, dass Sie nervös sind, dass Sie Bedenken haben, ob man Sie akzeptiert und wie man Sie in die neue Familie aufnimmt. Wenn zwischen Ihnen beiden alles stimmt, wird auch alles andere klappen. Traditionellerweise hält zwar der Bräutigam beim Vater der Braut um die Hand der Tochter an. Es gibt aber keinen Grund, warum dies nicht erst dann geschehen soll, nachdem die Partner die Sache unter sich ausgemacht haben.

Verlobungen sind heutzutage übrigens wieder modern geworden. Früher war es ein offizielles

Eheversprechen, das Symbol für die Entscheidung, die Verantwortung für einen anderen Menschen zu übernehmen. Heute ist die Verlobungsfeier eher eine Gelegenheit zum Kennenlernen der wichtigsten Beteiligten: Das glückliche Paar stellt den Partner den jeweiligen Eltern vor, häufig treffen sich die Eltern von Braut und Bräutigam zum ersten Mal.

Alltag und Berufsleben

Wenn wir uns aus unserem engsten Kreis, aus Wohnung oder Haus begeben, treffen wir – natürlich! – auf andere Menschen. Nachbarn, Freunde und Bekannte, an der Arbeitsstelle auch auf Kollegen, Untergebene und Vorgesetzte. Wir sind es von klein auf gewohnt, mit anderen umzugehen und passen uns automatisch an die jeweilige Situation an. Eines sollte aber immer gleich bleiben: unser höfliches und freundliches Auftreten.

Nachbarn und neue Bekannte

Wohl jeder von uns hat Nachbarn – ob er in einem Appartement in der Stadt wohnt, im Vorort in einem Reihenhaus oder in einem Häuschen auf dem Lande. Wer umzieht, tut gut daran, sich bei den neuen Nachbarn vorzustellen: Nicht nur weil es die Höflichkeit gebietet, sondern auch, weil aus Nachbarn durchaus gute

Bekannte, ja Freunde werden können. Man lernt sich am besten kennen, wenn man sich »ganz ordentlich« vorstellt. Das kann passieren, indem Sie von Tür zu Tür gehen. Aber auch – gerade wenn Sie ein Haus haben – vielleicht mit einer kleinen Einweihungsparty.

Spätestens dann sollten Sie wissen, wie man sich selbst vorstellt; aber auch, wie man andere miteinander bekannt macht.

• Sie reichen Ihrem Gegenüber lächelnd die Hand, halten Blickkontakt und nennen Ihren Namen. Zum Beispiel so: »Guten Abend, mein Name ist…« oder »Guten Tag, ich heiße …«. Sie können lediglich den Familiennamen nennen oder Ihren vollen Namen: also Vor- und Zuname. Freundlich ist es, wenn Sie noch eine Zusatzinformation geben – etwa: »Ich bin Ihr neuer Nachbar« oder im Berufsleben »Ich arbeite in der Personalabteilung.« Sie selbst stellen sich weder mit dem Zusatz »Frau/Herr …« vor und nennen auch keine Titel wie Doktor oder Professor. Die »Erlaubnis« zum Duzen haben Sie automatisch, wenn sich jemand lediglich mit seinem Vornamen vorstellt.

• Wer andere einander vorstellt, muss im Grunde nur zwei Regeln beachten: Der Name eines Herrn wird vor dem der Dame genannt. Und: Die offensichtlich jüngere Person wird der älteren vorgestellt.

• Die Vorstellung innerhalb einer Gruppe übernimmt am besten derjenige, der die anderen kennt. Heute darf diese Aufgabe auch eine Dame übernehmen – das war früher verpönt.

• Wenn Sie andere mit einander bekannt machen, tun Sie ohne veraltete Floskeln wie »Gestatten Sie, dass ich bekannt mache?« oder: »Erlauben Sie mir, Ihnen … vorzustellen?« Auch altertümlich klingende Bezeichnungen wie »Gattin« oder »Gemahlin« sind nicht mehr üblich. Sagen Sie am besten einfach: »Ich möchte Sie gerne miteinander bekannt machen …« oder »Ich möchte Ihnen gerne Herrn/Frau … vorstellen.« Das war's.

• Wird Ihnen jemand vorgestellt, vermeiden Sie bitte ebenfalls das altmodisch klingende »Sehr erfreut« oder gar »Angenehm«. Sagen Sie schlicht: »Ich freue mich, Sie kennenzulernen!« oder etwas Ähnliches.

• Zum Vorstellen und Sich-Miteinander-Bekanntmachen gehört bei uns stets auch der Handschlag. Achten Sie hier darauf: Die Dame reicht dem Herrn die Hand, der Ältere dem Jüngeren.

• Es muss Ihnen nicht unangenehm sein, wenn Sie einen Namen nicht gleich auf Anhieb richtig verstanden haben. So etwas kommt vor. Fragen Sie dann aber bitte gleich nach: »Entschuldigen Sie, ich habe Ihren Namen nicht verstanden!« Das ist viel weniger peinlich als sich später mit irgendeinem Gemurmel durchzumogeln …

• Visitenkarten – selbst im privaten Bereich – sind eine große Hilfe. Sie überreichen Ihre Karte nach der mündlichen Vorstellung, gleich nach dem Händedruck. Es ist selbstverständlich, dass Ihre Karte sauber und ohne Knick ist, handschriftliche Ergänzungen sind im Grunde nicht üblich. Es sei denn, Sie sind gerade erst umgezogen oder haben eben eine neue Telefonnummer bekommen. Die Karte Ihres Gegenübers blicken Sie kurz an und verstauen Sie dann in Ihrer Tasche. Bitte niemals achtlos behandeln – also knicken oder gar als Notizzettel missbrauchen!

Nicht immer, wenn Sie auf Fremde treffen, ist es nötig, sich vorzustellen. Sie können anonym bleiben,

- wenn Sie zum Beispiel an einem Auskunftsschalter der öffentlichen Verkehrsmittel oder von Ämtern und Behörden um eine Information nachsuchen. Oder wenn Sie jemanden nach dem Weg, nach einer Straße oder nach der Uhrzeit fragen.
- Sogar beim Essen im Restaurant ist es nicht üblich, den eigenen Namen zu nennen, wenn man sich zu Fremden an den Tisch setzt oder wenn Fremde an Ihrem Tisch Platz nehmen.
- Sie stellen sich auch nicht im Warteraum bei Arzt oder Anwalt vor,
- genauso wenig wie auf Reisen in Bahn, Bus oder Flugzeug, wenn Sie sich neben einem anderen Passagier oder Fahrgast niederlassen
- oder an Haltstellen für Bus und Bahn und wenn Sie in einen Fahrstuhl zusteigen.

Duzen und Siezen

Im Normalfall ist es üblich, sich unter fremden Erwachsenen zu siezen – also mit all jenen, die nicht zu Ihrer Familie oder Ihrem Freundeskreis gehören. Das »Sie« sorgt für höfliche Distanz, es ist keine vertrauliche Anrede. Das »Du« ist also keine Selbstverständlichkeit, selbst wenn das unter jungen Leuten heute oft anders gesehen wird. Normalerweise duzt man sich erst nach einer höflichen Anfrage. Dabei gilt die einfache Grundregel:

- Der ältere Mensch bietet dem jüngeren das Du an.
- Vor allem im Berufsleben gilt außerdem: Der Ranghöhere bietet es dem Rangniederen an.
- Veraltet ist die Regel, dass stets die Dame dem Herrn das Duzen erlaubt. Heutzutage dürfen Sie auch als Mann einer Kollegin oder guten Bekannten das Du anbieten.

Man darf ein Duzangebot übrigens durchaus ablehnen. Allerdings bitte mit sehr viel Takt! Denn im Grunde ist es eine Ehre, die Ihnen jemand zukommen lassen will, und es ist schwierig, den anderen nicht mit einer Verweigerung zu brüskieren. Geben Sie deshalb stets einen guten Grund an, wenn Sie sich mit jemandem nicht duzen möchten. Im Berufsleben bietet es sich an, darauf hinzuweisen, dass Sie im Job eher das Sie bevorzugen; und im Privaten entschuldigen Sie sich vielleicht damit, dass Sie prinzipiell erst nach längerer Bekanntschaft zum Du übergehen.

• Eine Ausnahme gibt es im Berufsleben: Ist es die Politik Ihrer Firma, dass alle Angestellten sich duzen, müssen Sie sich dem unterwerfen. Es gibt einige – vor allem skandinavische – Firmen, in denen das Du selbstverständlich vorausgesetzt wird. In anderen Fällen entscheiden Sie selbst. Bedenken Sie aber: Möglicherweise schließen Sie sich selbst aus dem Kollegenkreis aus, wenn Sie auf dem Sie beharren.

• Manchmal kann es im Beruf von Vorteil sein – oder ist ebenfalls Firmenpolitik –, sich strikt zu siezen, insbesondere vor Kunden. Auch in einem solchen Fall halten Sie sich besser an die Vorgaben der Geschäftsleitung. Dasselbe gilt, wenn Sie etwa Ihren Chef privat kennen und duzen, in der Firma aber eher Wert auf Distanz gelegt wird.

Bewerbungsgespräch

Gute Manieren sind im Beruf unerlässlich – gerade dann, wenn Sie Kundenkontakt haben, aber auch, wenn Sie Karriere machen wollen. So mancher Personalentscheider trifft sich zu einem scheinbar lockeren Arbeitsessen mit den Kandidaten für eine ausgeschriebene Stelle. Doch das ist nichts anderes als ein Test: Man will sehen, wie Sie sich im Restaurant verhalten. Ob Sie souverän, aber höflich und taktvoll auch in Situationen zeigen, die mit Ihrem Job direkt nichts zu tun haben …

Das Bewerbungsgespräch selbst, ja sogar schon Ihr Anschreiben oder Ihre E-Mail zeigen, ob Sie in die nähere Auswahl kommen. Ihre Kleidung wird dabei ebenso »gecheckt« wie Ihr Aussehen, Ihre Körpersprache, Ihr gesamtes Auftreten. Sie wissen ja schon: Der erste Eindruck ist zunächst entscheidend. Wenn Sie da nicht überzeugen, wird es schwierig, eine zweite Chance zu bekommen.

Die angemessene Kleidung am Arbeitsplatz

Es kommt ein wenig auf die Branche an, in der Sie arbeiten: Bei Banken und Versicherungen, in der Position ab dem mittleren Management herrscht immer noch ein strikter Dresscode. Als »normaler« Angestellter ist es sicher etwas lockerer. Stets aber achten Sie auf Sauberkeit, auf ordentliche Kleidung – und bitte darauf, dass Sie nicht im Freizeitdress am Arbeitsplatz erscheinen. Selbst wenn Sie keinen Kundenkontakt haben: Sportklamotten oder allzu legere Kleidung hat im Job nichts verloren. Auch dann nicht übrigens, wenn im Hochsommer entsprechende Temperaturen herrschen …

- Als Frau sind Sie an jedem Arbeitsplatz im Kostüm oder eleganten Hosenanzug passend angezogen. Achten Sie auf die Rocklänge – beim Sitzen sollte der Saum nicht mehr als maximal zweieinhalb Zentimeter übers Knie rutschen. Wählen Sie Ihr Jackett nach gutem, aber nicht allzu locker-bequemen Sitz, und in einer neutralen, eher gedeckten Farbe. Tragen Sie immer eine Strumpfhose (zumindest zum Vorstellungsgespräch, im Management aber auch danach). Nehmen Sie sicherheitshalber ein zweites Paar mit, denn Laufmaschen oder Löcher sind einfach verboten! Ihre Schuhe sind gepflegt, und bitte nur mit mittelhohem Absatz. Ihre Frisur ist natürlich und frisch frisiert. Langes Haar lassen Sie nicht wallen, sondern stecken es hoch und fassen es mit einer Spange im Nacken zusammen. Vorsicht beim Make-up: ein wenig bitte immer (selbst wenn Sie sich privat nicht schminken!) – also Rouge, Mascara und Lippenstift. Aber Sie sollten nicht übertreiben: Sie gehen in den Job – und nicht zu einem abendlichen Rendezvous!

- Als Mann sind Sie klassisch, aber nicht zu elegant gekleidet. Ihr Anzug sollte neutral sein, am besten Grau oder Dunkelblau. Keine Modefarben und auch kein Schwarz! Falls Sie eine Kombination wählen, achten Sie darauf, dass Jacke und Hose farblich zusammenpassen. Idealerweise ist Ihr Hemd weiß – und vergessen Sie niemals die farblich zum Anzug passende Krawatte! Sie ist unabdingbar – und selbst im Hochsommer treten

Sie nicht mit gelockerter Krawatte oder gar offenem Hemdkragen auf. Wichtig sind die Socken: bitte niemals weiß oder bunt, sondern stets in der Farbe zur Hose passend. Achten Sie auch auf die Länge – am besten fast bis zum Knie, damit beim Sitzen nicht Ihre Wade zu sehen ist. Dazu passen klassische Lederschuhe zum Binden, die in der Farbe mit dem Anzug harmonieren. Mit Schwarz liegen Sie immer richtig. Selbstverständlich sollte es sein, dass Sie gut rasiert sind und Ihr Haar frisch gewaschen und gepflegt ist.

Jeder Personalchef weiß, dass ein Bewerbungsgespräch der reine Stress ist – aber genau deshalb ist es entscheidend, wie Sie mit dieser Situation umgehen. Dass Sie pünktlich erscheinen, ist selbstverständlich! Planen Sie vor, damit Sie etwaige Verspätungen durch Verkehrsstau oder einen verpassten Bus gut abfangen können. Im Gespräch selbst dürfen Sie ruhig zugeben, dass Sie nervös oder aufgeregt sind: Das kommt besser an als allzu große Coolness, die eh durchschaubar ist und Sie unter Umständen eher unsympathisch oder angeberisch wirken lässt.

Haben Sie den Job bekommen, geht es – nach einer meist kurzen Einarbeitungszeit – in den Berufsalltag über. Auch hier lauert so manche Benimmfalle:

- Selbst wenn Sie unter beruflichem Erfolgsdruck stehen: Zeigen Sie sich gerade in den ersten Wochen nicht besserwisserisch. Tasten Sie sich vor: im Kollegenkreis, im Team, bei den Vorgesetzten. Sie ersparen sich unter Umständen so manchen Reinfall, als wenn Sie zu schnell zu viel erreichen wollen.
- Hüten Sie sich vor Tratsch und Klatsch und den Intrigenspielchen, die es in jeder Firma gibt. Ob Sie als Chef anfangen oder eine »normale« Stelle innehaben: Sie können sicher sein, dass man Sie vereinnahmen und auf die jeweilige Seite ziehen will.
- Selbst wenn Ihr Netzwerk in der Firma einige Bekannte aufweist: Ihr Chef ist innerhalb der Firma eine Respektsperson – auch wenn Sie sich privat oder anderswoher gut kennen.
- Wenn es üblich ist, einen »Einstand« zu geben, sollten Sie sich dem nicht entziehen. Aber bitte

erst nach bestandener Probezeit. Klären Sie auch ab, ob eine Feier, auch mit Alkohol, im Job erlaubt ist. Oder ob Sie das Ganze lieber extern verlagern.

• Man muss nicht jeden Mittags- und Abendtreff der Kollegen mitmachen. Schließen Sie sich aber nicht ständig aus. Wer in einem Team arbeitet, muss auch hin und wieder mal die Freizeit mit Kollegen verbringen.

• Bei Betriebsfeiern halten Sie sich zurück: sowohl mit Alkohol als auch mit allzu intimen Gesprächen im Kollegenkreis. Duzen Sie sich nicht vorschnell. Und fragen Sie sich hin und wieder durchaus, ob die Freundlichkeit und das Entgegenkommen der Kollegen echt sind – oder eher deren eigener Karriere dienen …

• »Der Tag danach« kann manchmal peinlich sein, selbst wenn Sie sich perfekt benommen haben. Gehen Sie taktvoll mit jedem Fauxpas um, der Ihnen zu Ohren kommt oder den Sie miterlebt haben. Falls Sie selbst in den Fettnapf getappt sind: Entschuldigen Sie sich höflich.

• Sie müssen sich nichts gefallen lassen – weder Sticheleien, Schuldzuweisungen noch gar Mobbing. Aber wenn Sie sich wehren: mit klaren Worten. Höflich bleiben Sie trotzdem.

• Für Termine bei Ihrem Vorgesetzten bereiten Sie sich perfekt vor – und treten auch souverän, gut gekleidet und gepflegt auf. Wenn Sie spontan zum Boss gebeten werden: Warten Sie ab, was man von Ihnen will. Auch hier lauert eine Falle: Sein höherer Rang gibt ihm das Recht, Sie so lange vor seinem Schreibtisch stehen zu lassen, wie es ihm gefällt. »Stehen« ist durchaus wörtlich gemeint – Sie nehmen bitte nämlich erst dann Platz, wenn Sie darum gebeten werden.

• Zu Konferenzen und Meetings kommen Sie pünktlich, sehen gepflegt aus und kommen in Diskussionen auf den Punkt. Sie sind weder stumm wie ein Fisch noch präsentieren Sie sich als großer Dampfplauderer. Sind Firmengäste anwesend, bemühen Sie sich besonders um einen sachlichen Ton und lassen kollegiale Anspielungen unter den Tisch fallen.

• Wenn Sie Chef/in geworden sind: Verhalten Sie sich gegenüber Ihren Kollegen fair und kehren Sie nicht den Boss heraus. Fordern Sie nicht

Überstunden ein – und gehen selbst aber immer pünktlichst aus dem Haus. Wenn Fehler passieren: Suchen Sie das Zweiergespräch und korrigieren Sie niemanden im Beisein anderer. Und auch als Vorgesetzte/r vergessen Sie niemals Bitte und Danke sowie einen höflichen Umgangston. Sie sind Chef/in – und kein Diktator!

Bei Tisch und im Restaurant

An den Tischmanieren machen es wohl die meisten fest, ob sich jemand benehmen kann oder nicht. Kein Wunder: Hier fällt doch ein Fauxpas schnell auf – gerade in der Öffentlichkeit, also im Restaurant oder bei einem offiziellen Essen. Und so mancher hat einfach Angst davor, bestimmte Speisen zu bestellen. Weiß man doch oft einfach nicht: »Wie isst man das?« Noch ist kein Meister vom Himmel gefallen. Aber gute Manieren bei Tisch sind keine Hexerei. Das Wichtigste zum Beginn: Wie sieht eigentlich der perfekt gedeckte Tisch aus? Und was müssen Sie beachten, wenn Sie an einer festlichen Tafel all die vielen Besteckteile und Gläser sehen?

Der gedeckte Tisch

Man unterscheidet zwischen dem »kleinen« und »großen« Gedeck. Das erste kennen Sie, denn es begegnet Ihnen tagtäglich – beim Mittagessen in der Kantine oder im Stammlokal, aber auch fürs »normale« Essen bei Ihnen zuhause.

• Das kleine Gedeck ist die Basis für einen gedeckten Tisch. Dazu gehören Suppe, Hauptgericht und Dessert und das zugehörige Besteck, also Löffel, Gabel und Messer sowie der Dessertlöffel. Die Gabel liegt links vom Teller, das Messer rechts und der Löffel für die Suppe außen rechts. Oberhalb des Tellers liegt quer der Dessertlöffel, etwas höher rechts steht ein Glas für das Tischgetränk. Die Serviette liegt links neben der Gabel.

• Das große Gedeck wird dann aufgelegt, wenn es bei einem besonderen Anlass mehr als drei Gänge gibt. Standard für ein zum Beispiel fünfgängiges Menü sind Vorspeise, Suppe, Fischgericht, Fleisch und Dessert. Dazu benötigt man natürlich auch mehr Besteck. Die einzelnen Teile werden – nach der Folge des Menüs – von außen nach innen bereitgelegt. Die für jedes Getränk entsprechenden Gläser stehen von rechts nach links oben an der rechten Seite Ihres Platzes. Die Serviette steht meist dekorativ gefaltet auf dem Platzteller.

Keine Angst – Sie merken sich nur eine zwei Regeln:

• Fürs Besteck gilt »von außen nach innen«. Das bedeutet: Die Besteckteile ganz außen sind für die Vorspeisen, Suppe etc. – und Sie »essen sich nach innen durch«. Auch hier eine Ausnahme: Quer oberhalb Ihres Tellers liegen die Besteckteile fürs Dessert. Dabei zeigt der Griff einer Gabel nach links, der des Löffels nach rechts. Gibt es als Dessert frische Früchte, so liegt statt eines Löffels ein Dessertmesser über dem Teller.

• Für die Getränke gilt »von rechts nach links« – und die entsprechenden Gläser stehen von rechts nach links oben an der rechten Seite Ihres Platzes. Für jede Weinsorte erhalten Sie ein Glas. Das Wasserglas bleibt bis zum Ende des Essens stehen.

Übrigens: Bei einem Menü mit mehr als sechs Gängen wird das Besteck nicht komplett ausgelegt. Rechts sollen nämlich nicht mehr als vier, links nicht mehr als drei Besteckteile liegen. Bei einem großen Essen wird Ihnen das Servicepersonal die Besteckteile zu den einzelnen Speisen nachreichen.

Was Sie noch wissen sollten:

- Jeder Gast findet an seinem Platz einen Vorlege- oder Platzteller. Er dient als Unterteller und wird erst vor dem Dessert abgeräumt. Jeder Gang wird auf einem Teller serviert, der dann auf den Platzteller gestellt wird.
- Links neben Ihrem Platz steht der kleine Brotteller, auf ihm liegt ein kleines Messer. Es ist nur fürs Aufstreichen der Butter gedacht, nicht etwa dafür Brötchen aufzuschneiden. Brot wird bei Tisch nur gebrochen und in kleinen Häppchen zum Munde geführt – man »schmiert sich keine Stulle« und beißt dann ab!

Vom Besteckgriff werden beim Essen immer nur die oberen zwei Drittel in der Hand gehalten. Leider gibt es viele Menschen, die nicht wissen, wie man mit Messer, Gabel und Löffel umgeht. Deshalb:

- Das Messer wird in der rechten Hand gehalten (Linkshänder dürfen tauschen, aber bitte erst beim Essen. Also nicht schon vorher das ganze Besteck umräumen!). Es gibt nur eine einzig richtige Form, wie Sie Ihr Messer benutzen: Ihr Zeigefinger liegt oben auf dem Griff und kann so beim Schneiden nach unten Druck ausüben. Daumen und Mittelfinger dienen dazu, das Messer in der richtigen Balance zu halten. Auch wenn Sie nicht schneiden, sondern mit dem Messer schieben, ist dies der einzig richtige Griff. Selbst wenn man es oft anders sieht … Klar sollte sein: Das Messer wird niemals zum Mund geführt! Ein Fischmesser ist etwas anders geformt wie das »normale« Messer, wird aber genauso gehalten. Und eben nicht wie einen Bleistift in der Beuge zwischen Daumen und Zeigefinger. Selbst wenn man das bei vielen Menschen sieht – es ist falsch!
- Die Gabel sollte am besten immer eine waagerecht, eventuell leicht nach unten geneigte Linie bilden. Der Grund: Wenn Sie zum Beispiel klei-

ne Beilagenteile essen oder Soße »gabeln«, kann nichts herunterkullern und -tropfen. Sie halten die Gabel ähnlich wie das Messer: Wollen Sie etwas festhalten oder aufspießen, liegt der Zeigefinger mit leichtem Druck auf dem Griff, Daumen und Mittelfinger dienen zur Balance. Dient die Gabel dagegen als »Schaufel« (beispielsweise für Reis oder Kartoffeln, für Erbsen oder anderes Gemüse), so dreht man sie um: Der Stiel ruht dann in der Beuge zwischen Daumen und Zeigefinger. Absolut verboten: Die Gabel in der geballten Faust zu halten und die Speisen regelrecht aufzuspießen!

• Der Löffel liegt mit dem Stiel in der Beuge zwischen Daumen und Zeigefinger. Bei uns gibt man den Löffel mit der Spitze zuerst in den Mund, in angelsächsischen Ländern dagegen mit der Breitseite.

Noch ein Hinweis: Besteck, das Sie einmal zum Essen in die Hand genommen haben, sollte nicht mehr mit dem Tisch in Berührung kommen. Die Griffenden stützt man nicht mehr auf der Tischplatte ab, sondern Sie legen – wenn Sie noch nicht fertig sind – bei einer Unterbrechung, etwa beim Zuprosten, die Besteckteile auf dem Teller ab. Wollen Sie weiteressen, über Kreuz; darf abserviert werden, parallel nebeneinander. Diese »Bestecksprache« versteht jeder Kellner.

Servietten sind zum Abwischen der Lippen kurz vor dem Trinken gedacht, damit Sie Speise- und Fettränder am Glas vermeiden. Achtung: Papierservietten legt man heute neben und nicht – wie früher – zerknüllt auf den Teller. Auch mit Servietten gibt es eine Zeichensprache:

• Wenn der Gastgeber seine Serviette entfaltet, gibt er das Zeichen zum Beginn des Essens. Erst danach entfalten Sie Ihre Serviette ebenfalls. Legen Sie sie auf den Schoß, einmal gefaltet und zwar so, dass Sie leicht hochnehmen und den Mund problemlos auf der Innenseite abtupfen können. Es gibt nur eine einzige Ausnahme, bei der Sie die Serviette um den Hals binden dürfen: beim Krebsessen.

• Der Gastgeber hebt die Tafel auf und beendet das Essen »offiziell«, indem er seine Serviette neben dem Teller ablegt. Erst dann tun dies die übrigen Gäste.

• Wenn Sie im Restaurant speisen, legen Sie die entfaltete Serviette auf den Schoß, wenn man Ihnen die Speisekarte reicht. Nach der Mahlzeit wird die Serviette entgegen ihrem Originalkniff gefaltet und links neben den Teller gelegt. Damit zeigen Sie an, dass Sie mit dem Essen fertig sind.

Servieren

Fürs Servieren gibt es ganz bestimmte Regeln: Sie als Gast müssen sie ebenso einhalten wie das Servicepersonal (ob im Restaurant oder zuhause). Nach der modernen Regelung wird zuerst dem Ehrengast (bzw. der ranghöchsten Dame) serviert und dann der Reihe nach im Uhrzeigersinn. Der Tradition zufolge obliegt es jedoch stets der Dame des Hauses, das Essen zu eröffnen und zu beenden. Der Gastgeber seinerseits hat die Pflicht, als erster das Glas zu erheben. Sie sind Single? Dann müssen Sie beide Aufgaben erfüllen.

• Wenn keine Tellergerichte serviert werden – also jeder Gast die fertig angerichteten Speisen auf seinem Teller bekommt –, legt das Servierpersonal die einzelnen Gerichte jedem Gast einzeln auf den Teller.

• Dabei werden Ihnen Vorspeisen und Suppen einmal serviert. Beim Hauptgang jedoch darf man nachfassen. Er wird in einer bestimmten Reihenfolge angeboten: Zunächst kommen Fleisch und Soßen, danach Gemüse, Beilagen und Salat. Der gesamte Hauptgang wird normalerweise zweimal gereicht.

• Speisen werden immer von links serviert, Getränke dagegen von rechts. Selbst wenn dies für Linkshänder bisweilen recht kompliziert sein mag. Keine Regel ohne Ausnahme: Tellergerichte werden auch von rechts serviert.

• Getränke werden von rechts eingeschenkt. Sie halten dem Weinkellner das Glas bitte niemals entgegen – es bleibt auf dem Tisch stehen. Sie trinken keinen Alkohol? Dann sagen Sie dem Weinkellner leise Bescheid. Oder trinken Sie das gefüllte Glas einfach nicht aus – je nachdem, was weniger Aufsehen erregt.

• Benutzte Teller werden stets von rechts abgeräumt.

• Sind alle Gäste mit dem Essen des Hauptgangs fertig, entfernt das Servicepersonal von rechts die leeren Gläser, die Menage (das sind Salz und Pfeffer) sowie überzählige Besteckteile.

• Erst dann wird das Dessert gereicht, danach Kaffee und Digestif.

Tischgespräche

Worüber redet man bei Tisch? Bei einem großen offiziellen Essen hat jeder Herr eine Tischdame – nämlich die rechts von ihm sitzende Dame. Er ist ein bisschen für sie »zuständig«, sorgt dafür, dass Speisen weitergereicht werden, dass seine Dame stets ausreichend mit Getränken versorgt ist und unterhält sie mit anregendem Smalltalk. Eben im Tischgespräch.

Für solche Gespräche wählt man keine »schweren« Themen, sondern plaudert leichthin über alles Mögliche: Politik, Religion sowie Krankheiten sind tabu. Erlaubt ist – so banal das klingen mag – das Wetter. In unseren Breiten immer ein Thema. Oder die Stadt oder die Region, in der Sie sich gerade befinden, die Umgebung, das Essen und die Getränke, Kunst und Kultur, Natur, Urlaub, Sport – eben alles, worüber sich unverfänglich plaudern lässt.

Im Restaurant

Wer sich in einem Restaurant formvollendet zu benehmen weiß – auch im Umgang mit dem Personal – hat schon eine ganze Menge an guten Manieren verinnerlicht. Das wissen – ich erwähnte es schon – auch Personalchefs. Deshalb gehört ein Arbeitsessen oft mit zum Auswahlverfahren für eine Personalentscheidung – zumindest im Bereich der Führungsebene.

• Als Gastgeber wählen Sie das Lokal aus – und achten dabei selbstverständlich auf die Wünsche Ihrer Gäste. Sie reservieren einen Tisch und sorgen auch dafür (vielleicht sogar im Vorfeld), dass dieser ganz Ihren Wünschen entspricht. Deshalb betreten Sie das Lokal als erster – auch wenn Sie eine Dame sind. Als Gastgeberin ist das sozusagen Ihre Pflicht – als weiblicher Gast ließ man früher und auch oft heute noch den Herrn vorangehen. Sie können ein Menü vorgeben oder aber *à la carte* bestellen lassen, dabei aber durchaus Empfehlungen geben – vielleicht kennen Sie das Lokal gut und wissen um Spezialitäten? Auch die Weinbestellung ist Sache des Gastgebers – ebenso wie am Ende die Rechnung. Diskret und taktvoll ist es, wenn Sie nicht am Tisch bezahlen, sondern das direkt mit dem Oberkellner klären. Am besten bereits im Vorfeld, dann kommt die Rechnung gar nicht erst an den Tisch.

• Als Gast sind Sie selbstverständlich pünktlich. Normalerweise wird Sie Ihr Gastgeber in Empfang nehmen oder der Oberkellner. Als Dame folgen Sie ihm, der Herr folgt dann wiederum der Dame. Wird kein Menü serviert, wählen Sie aus der Karte, was Ihnen zusagt. Falls Ihr Gastgeber Empfehlungen ausspricht – achten Sie darauf: Das ist nämlich unter Umständen ein kleiner Hinweis auf die Preislage, in der sich Ihre Bestellung bewegen sollte. Sie sind aber bitte auf jeden Fall – auch wenn es diesen Hinweis nicht gibt – unverschämt und bestellen das Teuerste, weil es Sie heute eben nichts kostet!

Sie haben falsch gewählt, und Ihr Essen mundet Ihnen ganz und gar nicht? Da müssen Sie durch – andernfalls würden Sie Ihren Gastgeber brüskieren. Ist einfach etwas nicht nach Ihrem persönlichen Geschmack, so sagen Sie dies in freundlichen Worten, wenn der Kellner sich beim Abräumen wundert, dass Ihr Teller noch voll ist. Handelt sich jedoch wirklich um einen Fehler der Küche, müssen Sie das nicht hinnehmen. So etwas kann passieren, aber es zeugt nicht von guten Manieren, wenn Sie sich lauthals beschweren. Wenden Sie sich diskret an den Kellner, fragen Sie höflich nach, ob man sich in der Küche geirrt haben könnte. Noch etwas: Wenn Sie reklamieren, dann bitte gleich – und nicht erst, wenn Sie den halben oder ganzen Teller leer gegessen haben.

Der richtige Umgang mit Speisen und Getränken

Niemand kann mit allen kulinarischen Raffinessen vertraut sein.

Niemand muss sich mit allen Besteckteilen auskennen, die es so gibt.

Was hätte es für einen Sinn, sich den Umgang mit der Hummerzange anzutrainieren, wenn Sie aller Voraussicht nach weder in die Verlegenheit kommen, jemals einen Hummer zu essen, oder Hummer und andere Meerestiere gar nicht mögen?!

Sie müssen auch nicht mit dem Austernmesser umgehen können: Im Normalfall werden Sie Austern schon geöffnet serviert bekommen. Sie müssen dann nur noch wissen, wie Sie das Austernfleisch in der Schale lockern und schlürfen …

Sie wissen das nicht? Dann machen Sie es sich einfach – und schauen Sie sich in der Tischrunde um: Sie können sicher sein, dass es jemanden gibt, der weiß, wie es geht und es Ihnen vormacht.

Das Wichtigste, was Sie lernen müssen, ist Selbstbewusstsein. Dann nämlich fühlen Sie sich nicht völlig verloren, wenn Ihnen ein Gericht serviert wird, von dem Sie nicht wissen, wie man es isst. Oder was Sie da überhaupt essen. In jedem guten Restaurant wird es dem Kellner eine Freude sein, Ihnen den Fisch zu filetieren, das Stubenküken zu zerlegen, Ihnen einen passenden

Wein zu empfehlen, wenn Sie kein Weinkenner sind. Selbst Weinkenner lassen sich übrigens vom Sommelier beraten. Kaum jemand (außer Wein-Profis) kann alle Weine auf jeder Weinkarte perfekt einschätzen. Der Weinkellner in einem guten Restaurant jedoch schon – vor allem wird er die Weine kennen, die in diesem Hause angeboten werden.

Sie sehen also: Alles kann man lernen, vieles kann man von anderen abschauen. Das ist in jedem Fall besser, als sich als Gourmet auszugeben und sich dann zu blamieren. Wer sich angeblich gut auskennt – und dann aber bei einem Fischgericht ein wahres Schlachtfeld auf dem Teller hinterlässt oder bei einem schwer zu teilenden Stubenküken beim Bankett statt mit Messer und Gabel »handgreiflich« wird, also mit den Fingern isst, der hat sich selbst entlarvt.

Die Basics für Getränke und Wein allerdings sollten Sie kennen, selbst wenn Sie sich nicht sklavisch daran halten müssen:

• Vor der Mahlzeit gibt es meist einen Aperitif: zum Beispiel ein Glas Sherry oder Champagner.

• Zu Vorspeise und Suppe werden keine Getränke serviert.

• Zu Fisch reicht man einen leichten Weißwein.

• Zu hellem Fleisch darf es ein etwas schwererer und süffiger Weißwein sein.

• Zu dunklem Fleisch (vor allem alle Arten von Wild) schmeckt Rotwein mit Zimmertemperatur (d. h. um 18 Grad).

• Zu deftigeren Speisen wie Schweins- oder Kalbshaxe mundet Bier und danach – wegen der besseren Bekömmlichkeit! – ein Gläschen Schnaps oder Magenbitter.

• Zum Dessert gibt es dann eine kleine Tasse Kaffee oder Mokka, auch Likör oder Cognac.

Feste und Feiern

Ob im privaten Kreis eines Familienfestes, bei Ihrer eigenen Geburtstagsparty oder einen offiziellen Feier: Als Gast oder Gastgeber stehen Sie in diesen Momenten im Blick anderer. Das bedeutet: Ihr Auftreten und Ihr Benehmen sollte so sein, dass Sie sich einerseits gut fühlen, andererseits aber auch bei anderen »gut ankommen«. Klar, dass Sie auf die entsprechende Kleidung achten – Sie sind aber eher under- als overdressed. Das heißt jedoch keinesfalls, dass Sie schlecht gekleidet oder im Freizeitdress erscheinen. Aber lieber sind Sie etwas schlichter angezogen als beispielsweise auf einer Hauseinweihungsparty im großen Abendkleid/Smoking aufzulaufen.

Einladung: Wie macht man es richtig?

• Als Gastgeber überlegen Sie zunächst einmal, welche Art Fest Sie feiern wollen (siehe auch unten). Dann geht es an die Gästeliste: Wer muss eingeladen werden, wen kann man vernachlässigen? Auch zu einem privaten Fest sollten Sie – falls Sie nicht nur spontan ein paar wenige Gäste zum Abendessen zu sich bitten – schriftlich einladen. Je größer die Feier, umso frühzeitiger und formeller wird Ihre Einladung sein. Vermerken Sie den Anlass, Ort des Geschehens sowie Datum und Uhrzeit. Es ist durchaus üblich, unter Umständen auch einen Hinweis auf die gewünschte Kleidung zu geben. Und natürlich, bis zu welchem Zeitpunkt Ihre Gäste unter welcher Adresse und Telefonnummer zu- und absagen sollten.

- Als Gast reagieren Sie auf eine Einladung so schnell wie möglich. In jedem Fall – ob Sie also zusagen wollen oder bedauerlicherweise absagen müssen. Gar nicht zu reagieren oder erst kurz vor dem Ereignis ist schlicht und ergreifend unhöflich: Sie bringen den Gastgeber unter Umständen in den Zugzwang, bei Ihnen nachhaken zu müssen. Und Sie behindern seine Planungen und Vorbereitungen. Selbst wenn in einer Einladung ein Termin angegeben ist, bis zu dem Sie zu- oder absagen können: Dies ist stets die äußerste zeitliche Grenze. Es ist weitaus höflicher, diese nicht bis zum Ende auszureizen. Selbst wenn Sie noch nicht genau wissen, ob Sie kommen können: Teilen Sie auch dies dem Gastgeber mit, damit er entsprechend disponieren kann. Wenn Sie trotz Zusage zu spät kommen oder aber kurzfristig absagen müssen, ist es eine Selbstverständlichkeit, so schnell wie möglich Bescheid zu geben! Der Hinweis »In Begleitung« bedeutet, dass Sie einen Gast Ihrer Wahl mitbringen dürfen. Anders sieht es aus, wenn auf der Einladung vermerkt ist »mit Partner/in«: Dann dürfen Sie sich ausschließlich von Ihrem (Ehe)Partner begleiten lassen.

Was feiert man wann?

Normalerweise können Sie der Einladung entnehmen, um welche Art Fest es sich handelt. Darauf stimmen Sie dann auch Ihr Outfit ab. Allgemein gelten als Anfangszeiten

- Frühstück zwischen 8.30 bis 9.30 Uhr.

- Frühschoppen sonn- oder feiertags, zwischen 10 und 11 Uhr.
- Brunch zwischen 11 und 12 Uhr.
- Vormittagsempfang zwischen 11 und 13 Uhr
- Mittagessen nicht vor 12 Uhr (Ende um 14 Uhr)
- Nachmittagsempfang zwischen 14.30 und 16.30 Uhr
- Tafel mit Kaffee und Kuchen zwischen 16 und 17.30 Uhr
- Fünf-Uhr-Tee zwischen 17 bis 18 Uhr
- Formelles Abendessen zwischen 19 und 21 Uhr.

Werden Sie zu einem warmen Essen geladen, müssen Sie auf die Minute pünktlich erscheinen. Das gilt auch bei einem Fest, das mit einem speziellen Musikstück oder einer Rede eröffnet werden soll. Bei einer Abendeinladung ohne Essen haben Sie etwa eine Viertelstunde »Spielraum«: Sie dürfen fünfzehn Minuten früher oder später kommen. Bei einem Cocktailempfang und bei sehr großen Veranstaltungen (bei dem der Gastgeber kaum auf jeden einzelnen Gast achten kann) ist Pünktlichkeit nicht unbedingt erforderlich. Allerdings nur, falls nichts anders auf der Einladung vermerkt ist!

Der Dresscode

Was Sie bei einem Fest als Outfit wählen, richtet sich nach dem Zeitpunkt, an dem gefeiert wird. Bei einer Einladung wird daher ein Kleidungsvermerk nicht fehlen. Er richtet sich allerdings nur an den Herrn – als Dame müssen Sie wissen, was das bedeutet. Aber keine Angst: Sie finden hier auch die entsprechende Information für die weibliche Garderobe! Die Formulierung »Abendgarderobe erwünscht« oder »Festliche Kleidung erbeten« lässt Ihnen Spielraum. Sie können dann durchaus ein buntes oder modisch flippigeres Outfit wählen. In allen anderen Fällen gilt:

- Tagsüber gibt es für formelle Feiern oft den Vermerk »Geschäftsanzug« oder »Businesskleidung«. Das heißt für den Herrn: weißes, einfarbiges oder dezent gemustertes, helles Hemd, Krawatte, dunkle Socken und dunkle Schuhe. Für die Dame: dezentes Kostüm oder kurzes Kleid (mit Jacke oder Mantel) oder eleganter Hosenanzug, Strümpfe sowie geschlossene, elegante Schuhe.
- Das offizielle feierliche Outfit ist für den Herrn ein festlicher, dunkler Anzug, für die Dame ein

Hosenanzug oder edles Kostüm, das »kleine Schwarze« oder ein Cocktailkleid.

- Für hochoffizielle Anlässe trägt der Herr einen Cut (oder Stresemann), die Dame ein sehr elegantes Kostüm oder Kleid bzw. ein Ensemble aus Mantel und Kleid.
- Abends kennt man den Hinweis »Schwarzer/dunkler Anzug/Uniform« oder Smoking. Er wird mit schwarzem Binder getragen, deshalb in Frankreich der Hinweis *cravate noir*, im Englischen *black tie*, in USA *tuxedo*. Die Dame trägt ein kurzes oder langes Abendkleid, alternativ einen festlich-eleganten Hosenanzug.
- Der Frack wird mit weißer Fliege getragen, deshalb in Frankreich der Hinweis *cravate blanche* bzw. in Großbritannien und USA *white tie*. Zum Frack werden auch Orden angelegt. Die Dame trägt großes Abendkleid oder eine Ballrobe.

Die Begrüßung

- Als Gast begrüßen Sie bei einer Einladung stets die Gastgeberin (also bei privaten Festen die

Dame des Hauses), dann den Gastgeber, dann erst andere Gäste.

• Als Gastgeber spielen Sie eine ganz besondere Rolle: Sie sind an diesem Abend Hausherr und/oder Hausherrin. Auch wenn Sie nicht in den eigenen vier Wänden, sondern »aushäusig«, also im Restaurant oder in einem Veranstaltungsraum feiern. Sie begrüßen – außer bei sehr großen Festen – jeden Gast persönlich und reichen ihm die Hand. Dabei halten Sie eine bestimmte Reihenfolge ein: Sie richten sich nach der Regel »Ladies first!« – das gilt nur dann nicht, wenn Sie mehr als fünf Personen auf einmal begrüßen. Dann geht es der Reihe nach. Sie erleichtern es Ihren Gästen, Sie formvollendet als Paar zu begrüßen, wenn Sie sich gleich »richtig« stellen: nämlich so, dass die Dame des Hauses so steht, dass ankommende Herren nach der Regel »Ladies first« automatisch erst ihre Hand ergreifen.

Bei der Begrüßung achtet man – ob als Gastgeber oder als Gast – auch auf den Titel des Gesprächspartners. Das kann manchmal ein wenig verwirrend sein – vor allem, wenn jemand mehrere Titel hat (Doktor und Professor beispielsweise) oder einen Titel, der im Alltagsleben eher ungewöhnlich ist. Wenn Sie jemanden nicht kennen und ganz normal mit »Herr« und »Frau« ansprechen, muss Ihnen das später nicht peinlich sein. Wenn Sie sich höflich verhalten haben, wird man das nicht übel nehmen.

• Bei mehreren akademischen Titeln wählt man in der Anrede stets den höheren. Ist also jemand Professor und Doktor, sagen Sie »Herr/Frau Professor...«

• Staatsoberhäupter, Minister und Botschafter des Auslandes haben Anspruch auf das Prädikat »Exzellenz«, genauso wie Kardinäle und Bischöfe. Aber auch die Anrede »Herr Kardinal« bzw. »Herr Bischof« – jeweils ohne Namensnennung – ist heute üblich.

• Bei Amtsbezeichnungen und Ehrentiteln entscheiden Sie nach der Situation: Haben Sie zu einem Fest den Bürgermeister Ihres Wohnortes in der Funktion als Gemeindeoberhaupt eingeladen, werden Sie »Herr/Frau (Ober)Bürgermeister« sagen. Ist er dagegen auf eine private, aber dennoch formelle Feier geladen, können Sie lediglich »Herr/Frau …« sagen.

• Ähnliches gilt für Berufs- oder Funktionstitel: Laden Sie zu einem Geschäftsseminar ein, werden Sie den Chef der Firma als »Herr/Frau Direktor …« ansprechen. Auf einem privaten Treffen dagegen ist nur ein »Herr/Frau …« üblich. Kleine Falle: Es ist unüblich, jemanden als »Herrn/Frau Vizepräsident/in« anzusprechen. Man wählt hier den hierarchisch gesehen höheren Rang, sagt also »Herr/Frau Präsident/in«.

Tischordnung

Als Gastgeber werden Sie sich bemühen, eine Tischordnung zusammenzustellen, die einerseits die Bedeutung Ihrer Feier unterstreicht, aber die auch Ihre Gäste zur Geltung kommen lässt.

• Bei einem formellen offiziellen Essen drückt sich in der Tischordnung eine bestimmte Rangordnung aus. Dabei sollten Sie wissen: Je näher jemand beim Gastgeber sitzt, desto höher ist sein gesellschaftlicher Rang. In Deutschland ist das etwas anders als auf internationalem Parkett: Bei uns sitzt der ranghöchste Gast links von der Dame des Hauses, ist also ihr Tischherr. Die ranghöchste Dame sitzt rechts neben dem Hausherrn (International dagegen sitzt der ranghöchste Gast rechts von der Gastgeberin). Rechts von der Dame des Hauses nimmt der zweithöchste Herr Platz, links neben dem Hausherrn die zweithöchste Dame. Von da an geht die Reihenfolge dem Rang (und natürlich der Wertschätzung) der Gäste weiter. Ehepartner haben übrigens stets denselben Rang. Wichtig für offizielle geschäftliche Essen: Angehörige fremder Firmen oder Institutionen haben Vorrang vor denen der eigenen.

- Bei großen Familienfeiern achtet man ebenfalls ein bisschen auf den »Rang«. Rang ist hier nicht unbedingt gesellschaftlich zu verstehen, sondern hängt vielleicht vom Alter ab und natürlich davon, was gefeiert wird: Bei einer Hochzeit beispielsweise sind die Brautleute die wichtigsten und »ranghöchsten« Gäste, bei einem Geburtstag das Geburtstagskind. Je näher ein Gast dem

Gastgeber sitzt, desto höher ist sein Rang. Gäste haben stets einen höheren Rang als Verwandte. Alter geht vor Jugend.

- Bei einem Essen im rein privaten Kreis ist die Rangordnung nicht so entscheidend. Normalerweise achten Sie als Gastgeber darauf, Gäste so zu platzieren, dass eine gute »Mischung« entsteht und nicht lediglich Paare oder gute Freunde nebeneinander sitzen.
- Bei ausländischen Gästen sorgen Sie als Gastgeber dafür, dass sie mit jemandem zusammensitzen, der vielleicht die Sprache beherrscht.

Als Gast müssen Sie sich, selbst wenn es Ihnen so gar nicht passt, an die Tischordnung halten. Ihr Gastgeber hat sich bestimmt genau überlegt, warum er Sie wo platziert hat. Und es ist mehr als unhöflich, das einfach zu umgehen. Das gilt übrigens für die festliche Tafel mit Platzkarten ebenso wie fürs so genannte Placement: Bei Feiern mit großer Teilnehmerzahl gibt es nämlich oft im Eingangsbereich eine Skizze der Tische, auf der die Plätze mit den Namen der einzelnen Gäste eingezeichnet sind.

Gastgeschenke, Blumensträuße und das Danke danach

Bei großen Veranstaltungen und formellen offiziellen Essen ist ein Gastgeschenk nicht unbedingt vonnöten. Anders ist es, wenn Sie zu einem Fest geladen werden, das zu einem bestimmten Anlass gefeiert wird. Im Familienkreis sind das natürlich Taufe, Geburtstag, Hochzeit und Ähnliches, im Berufsleben kann das beispielsweise ein Jubiläum oder eine Geschäftseröffnung sein. Auch im kleineren Rahmen ist es üblich und höflich, wenn Sie dem Gastgeber ein kleines Geschenk mitbringen. So zeigen Sie Ihre Freude über die Einladung, und gleichzeitig ist Ihr Gastgeschenk eine kleine Danksagung. Auch der Blumenstrauß, der üblicherweise für die Dame des Hauses mitgebracht wird, ist so einzuordnen. Der Strauß wird übrigens, wenn die Gäste ein Paar sind, vom Herrn überreicht. Ohne Papier – außer es handelt sich um einen Strauß in durchsichtiger Folie. Ihr Gastgeber hat kleine Kinder? Bei einem privaten Fest sollten Sie auch dem Nachwuchs eine Kleinigkeit mitbringen.

Als höflicher Gast haben Sie sich bestimmt schon bei der Zusage für die Einladung bedankt. Dennoch sagen Sie bei der Verabschiedung oder am nächsten Tag nochmals bei Ihren Gastgebern für den schönen Abend oder die gelungene Feier mündlich und unter Umständen auch schriftlich Danke.

Öffentlichkeit und Internet

Immer dann, wenn Sie die eigenen vier Wände verlassen und auf die Straße treten, befinden Sie sich in der Öffentlichkeit. Das heißt: Sie treffen auf andere Menschen – Nachbarn, Freunde, Bekannte und völlig Fremde. Dass man da besonders auf sein Äußeres, das Auftreten und Benehmen achtet, ist einleuchtend.

Service und Dienstleistung

Ein Mensch mit guten Manieren zeigt immer höfliches und taktvolles Benehmen; er tritt nicht als Angeber auf und weiß vor allem im Bereich Service zu schätzen, wenn selbst kleine Details stimmig sind: im Supermarkt genauso wie im Kaufhaus, auf Ämtern und bei Behörden ebenso wie im Schwimmbad, beim Friseur, im Restaurant (auch in der Stammkneipe um die Ecke) oder eben bei all jenen anderen Dienstleistungsberufen, die uns im Grunde das Alltagsleben erst ermöglichen. Natürlich gibt es überall schwarze Schafe, findet man überall auch Unfreundlichkeit und wenig Entgegenkommen. Die »Servicehölle Deutschland« aber gibt es, selbst bei Ämtern und Behörden, heute bei weitem nicht mehr so ausgeprägt wie noch vor einigen Jahren.

• Beamte sind zwar »Staatsdiener« – und der Staat sind wir ja alle. Dennoch gibt uns das nicht die Berechtigung, sie als Dienstboten zu behandeln. Sie klopfen also an die Tür, wenn Sie in einem Amt/einer Behörde einen Raum betreten wollen; Sie wünschen »guten Tag«, ehe Sie Ihr Anliegen vortragen.

• Vor Gericht gilt in verstärktem Maße: Der erste Eindruck, den man von Ihnen gewinnt, ist der entscheidende. Er wirkt sich auf Ihre Glaubwürdigkeit aus. Deshalb: Erscheinen Sie in gepflegter Kleidung, benehmen Sie sich unauffällig, seien Sie aufmerksam und hören Sie genau zu, was gesprochen wird und was Sie gefragt werden.

Sie sprechen deutlich und geben klare Auskunft. Aber bitte nur, wenn Sie vom Richter dazu aufgefordert werden.

Gewöhnen Sie sich durchaus an, überall selbst kleine Details zu loben – und zwar ganz ausdrücklich: die besonders bemühte Verkäuferin, die Ihnen mit Rat und Tat zur Seite steht, oder den Reisebüroangestellten, der Ihnen ein Extra in Ihrem Urlaub verschafft hat.

Selbstverständlich müssen Sie sich keine pampigen oder unfreundlichen Aktionen bieten lassen. Doch: Wenn Sie sich beschweren, dann tun Sie das in Ruhe, mit klaren, aber höflichen Worten. Sie führen sich ganz gewiss nicht auf wie das früher so berühmte HB-Männchen. Gehen also nicht »in die Luft«, sondern bleiben stets sachlich. Auch wenn es manchmal schwerfällt und Sie am liebsten schreiend aus der Haut fahren würden.

• Wenn Sie gar nicht klar kommen: Lassen Sie sich den jeweiligen Vorgesetzten oder Supervisor kommen (oder sich am Telefon verbinden). Auch bei ihm/ihr bleiben Sie sachlich.

Bedenken Sie bitte außerdem stets: Jeder steht mal mit dem falschen Fuß auf. Sie bestimmt auch. Ein kleines Lächeln, ein bisschen Humor, nicht alles allzu schwer nehmen (außer in wirklich gravierenden Fällen, und selbst da helfen Sachlichkeit und Höflichkeit eher als emotionale Ausbrüche und Beschimpfungen!) – damit kommen Sie selbst leichter durchs Leben und verschaffen sich zudem das Image eines verträglichen und umgänglichen Zeitgenossen. Gute Manieren zeigen sich auch darin …

Benimm in Theater, Kino und Kirche

Für sämtliche kulturellen Veranstaltungen gilt, dass Sie sich entschuldigen, wenn Sie für Unruhe sorgen (etwa weil Sie zu spät kommen oder aber unter Hustenreiz leiden). Sie grüßen Ihre direkten Sitznachbarn kurz mit einem Nicken, und zwar, wenn Sie Ihren Platz eingenommen haben. Und selbst wenn es Sie noch so stört: Sie führen mit Ihrem Nachbarn niemals einen stillen »Kampf« um eine gemeinsame Armlehne. Arrangieren Sie sich besser mit einem freundlichen Lächeln.

• Fast jeder geht »falsch« durch die Reihen, wenn er als Nachzügler seinen Sitzplatz einnimmt. Sie machen es bitte richtig. Nämlich mit dem Rücken zur Leinwand bzw. zur Bühne. Denn wohl niemand möchte in seinem Sitz den verlängerten Rücken eines Fremden direkt vor der Nase haben, während der sich durch die enge Reihe zwängt …

• Im Kino dürfen Sie oft essen und trinken. Für viele ist ein Filmbesuch ohne Popcorn undenkbar. Ständiges Knistern und Rascheln mit Tüten sind nicht nur für Ihren direkten Sitznachbarn lästig. Leere Tüten und Flaschen entsorgen Sie bitte nicht klammheimlich unterm Sitz, sondern Sie nehmen den Abfall mit. Im Vorraum stehen garantiert Müllbehälter.

• Sie sind zu spät dran? Bei der Filmvorführung im Kino haben Sie meist Glück: Sie werden normalerweise noch eingelassen. Hat der Hauptfilm schon angefangen, suchen Sie sich rasch und mit Hilfe des Platzanweisers Ihren Sitz. Es stört nämlich andere durchaus, wenn Sie im Dunkeln nach einem freien Platz durchfragen.

• Im Theater und in der Oper bzw. im Konzert erscheinen Sie zur Aufführung absolut pünktlich, eher sogar ein bisschen zu früh! Nicht nur aus Höflichkeit den anderen Besuchern gegenüber, sondern auch aus Eigeninteresse. Es gilt nämlich meist die unumstößliche Regel: Nach Beginn der Vorstellung wird niemand mehr eingelassen. Sie versäumen also sicher den 1. Akt oder müssen sogar bis zur Pause warten.

• In Theater und Oper und mittlerweile in vielen Kinos gibt es nummerierte Sitze. Sie wissen als schon vor Beginn der Vorstellung, wo Ihr Platz sein wird. Haben Sie einen Mittelsitz, so gehen Sie schon ein paar Minuten vor Beginn bzw. dem letzten Aufruf dorthin. So muss niemand extra Ihretwegen aufstehen. Nach den Pausen ist es übrigens dasselbe: Sie nehmen Ihren Platz rechtzeitig ein, damit andere nicht unnötig gestört werden. Übrigens: Falls jemand anders durch die Reihe gehen muss, stehen Sie bitte kurz auf. Die Durchgänge sind oft sehr schmal, und es ist nicht nur höflicher, sondern auch einfacher, den Weg für den Nachzügler frei zu machen.

• Für Theater, Oper, Operette und Musical kennt man heute keine strenge Kleiderordnung mehr. Rein theoretisch können Sie also in Jeans und T-Shirt aufkreuzen, mit der Ansage »Es geht mir um den Kunstgenuss!« Andererseits: Sie wollen sicher nicht als unkultivierter Mensch angesehen werden. Immer noch ist ein Theater-, Konzert- oder Opernbesuch etwas Besonderes. Das sollte man durchaus in festlicher Kleidung genießen. Die strenge Etikette schreibt übrigens sogar vor, dass der Herr bei einer Opernpremiere Smoking oder dunklen Anzug trägt und die Dame im festlichen Cocktail- oder Abendkleid kommt. Legerer gekleidet sind Sie bei einem Theaterbesuch: Da genügt, vor allem bei einer Vorstellung der Werkstattbühne oder des Volkstheaters, normale Tageskleidung.

• Sie wissen nicht so recht, wann Sie bei einem klassischen Konzert klatschen dürfen? Kleiner Tipp: Wenn der Dirigent mit dem Rücken zum Publikum stehen bleibt, klatschen Sie nicht. Erst am Ende des Musikstücks wendet sich der Dirigent dem Publikum zu. Und dann können Sie applaudieren.

• In der Kirche respektieren Sie durch Kleidung und Auftreten den Glauben anderer. Als Dame tragen Sie ein dezentes Outfit (nicht unbedingt tief ausgeschnittene Dekolletees oder ärmellos-rückenfreie Oberteile). Sie sind außerdem pünktlich (eher ein paar Minuten zu früh) zur Messe da. Haben Sie sich wirklich mal verspätet, verhalten Sie sich bitte besonders leise und unauffällig: Jedes Geräusch hallt in Kirchenräumen besonders laut und stört damit die Gläubigen und den Priester. In der Kirche übrigens wenden Sie dem Altar stets das Gesicht und damit Ihre Vorderseite zu. Anders also als in Kino und Theater.

Höflichkeit im Straßenverkehr

Es könnte so einfach sein. Wenn sich nur jeder an die Straßenverkehrsordnung hielte. Dort steht nämlich in § 1: »Die Teilnahme am Straßenverkehr erfordert ständige Vorsicht und gegenseitige Rücksicht. Jeder Verkehrsteilnehmer hat sich so zu verhalten, dass kein Anderer geschädigt, gefährdet oder mehr, als nach den Umständen unvermeidbar, behindert oder belästigt wird.« Leider sieht die Realität anders aus: Gerade im Straßenverkehr geht es oft zu wie unter Rowdys. Da beschimpfen Autofahrer die Radfahrer und Fußgänger, die keifen zurück. Und wenn sie dann selbst mit dem Auto unterwegs sind, wechseln sie »die Front« und gehen verbal auf die anderen Verkehrsteilnehmer los.

Mit Toleranz und Rücksichtnahme wäre alles leicht zu handhaben. Und auch mit Höflichkeit. Denn: Macht es wirklich einen großen Unterschied, wenn man einen Fußgänger noch schnell über die Straße winkt – auch wenn man's eilig hat? Muss man als Radler über den Bürgersteig rasen, ohne Rücksicht auf Verluste? Vom rechtswidrigen Einbiegen in die Einbahnstraße, vom Fahren auf Parkwegen oder in der Fußgängerzone mal ganz abgesehen …

- In den öffentlichen Verkehrsmitteln sieht es meist, zumindest zu den Stoßzeiten morgens und abends, nicht viel besser aus. Dennoch: Mit Höflichkeit kommen Sie weiter. Bleiben Sie ruhig – Nervosität und Hektik lassen weder Bus noch Bahn schneller ans Ziel gelangen. Sparen Sie sich Aggressionen, wenn jemand Sie mal anrempelt. Entschuldigen Sie sich, wenn Sie jemand zu nahe getreten sind. Ihr ruhiges und besonnenes Verhalten wirkt nämlich auf Ihre Mitfahrer. Selbst wenn Bus oder Bahn noch so voll sind.

• Zeigen Sie sich hilfsbereit: Helfen Sie Müttern mit Kinderwagen beim Ein- und Aussteigen. Oder einem Passagier mit schweren Taschen oder Koffern. Machen Sie Ihren Platz frei für ältere oder behinderte Menschen.

• Sie fragen höflich, wenn Sie einen freien Sitz entdecken, ob dieser wirklich unbesetzt ist. Haben Sie selbst eine Reservierung, dann bestehen Sie nicht darauf, wenn noch andere Sitzplätze frei sind, sich aber jemand versehentlich auf Ihrem Platz niedergelassen hat. Alles besetzt? Dann bitten Sie höflich und in ruhigem Ton darum, dass Ihr Platz freigemacht wird.

• Übrigens: Die leidige Frage, wer beim Ein- und Aussteigen in Bus oder Bahn voran geht, ist leicht beantwortet. Beim Einsteigen geht die Dame voran. Beim Aussteigen dagegen ist der Herr der erste und danach der Dame behilflich.

Telefon und Handy

Ohne Telefon, ob Festnetz oder Mobil, gibt es heute wohl keinen Haushalt mehr in Deutschland. Was vor ein paar Jahrzehnten noch kaum vorstellbar schien, ist heute unser reales Leben. Wir wagen es kaum noch, das Handy mal auszuschalten – wir könnten ja etwas verpassen. Beinahe unvorstellbar, dass man früher strikte »Telefonzeiten« kannte, in denen man andere anrufen bzw. nicht stören durfte. Aber Vorsicht: Diese Rücksichtnahme kennen Sie als höflicher Mensch natürlich immer noch …

- In einem fremden Haushalt ruft man werktags nicht vor 9.30 Uhr und nicht nach 20 Uhr an. Auch die »Mittagsruhe« zwischen 12.30 und 14 Uhr hält man ein, und an Feiertagen und am Wochenende hält man sich bis 11 Uhr vormittags mit Anrufen zurück. Ausnahme ist natürlich jeder echte Notfall!
- Der Angerufene meldet sich, selbst wenn Millionen Menschen das (falsch) machen, bitte nicht nur mit »Ja« oder »Hallo«. Das ist schlicht unhöflich. Im Privatleben ebenso wie im Job. Melden

Sie sich mit Ihrem Namen und auch dem »Tagesgruß«.

• Als Anrufer fragen Sie höflich, ob Sie stören. Sie können durchaus gleich zur Sache kommen, aber trotzdem sollten Sie Ihrem Gesprächspartner soviel Zeit lassen, sich auf Sie und Ihr Thema einzustellen.

• Falsch verbunden? Sie legen bitte nicht einfach auf, sondern entschuldigen Sie sich für die versehentliche Störung.

• Am Gesprächsende verabschieden Sie sich höflich. Unmöglich ist es, selbst bei einer heftigen Auseinandersetzung, das Gespräch Knall auf Fall einfach abzubrechen. Wenn Sie ein Gespräch wirklich beenden wollen (oder müssen), sagen Sie das. Und Sie verabschieden sich bitte auch.

• Anrufbeantworter und Mailbox sind heute eine Selbstverständlichkeit. Bei der Aufnahme Ihres Ansagetextes sollten Sie deutlich sprechen und vor allem kurz: So vermeiden Sie, dass Ihr Anrufer hohe Gesprächskosten hat, ohne überhaupt mit Ihnen zu reden. Auch wenn Sie es hassen, mit »Maschinen zu sprechen« – ein höflicher

Mensch sagt wenigstens seinen Namen aufs Band. Wenn Sie dann noch Datum, Zeit und Grund Ihres Anrufs angeben, sind Sie perfekt – und werden bestimmt zurückgerufen.

• Mobil telefonieren ist heute beinahe mehr verbreitet als das Festnetz, vor allem unter jungen Leuten. Billige Tarife machen das möglich. Leider führt das dazu, dass man wirklich immer und überall den Hörer am Ohr hat (oder SMS schreibt). Erlaubt und unbedenklich ist das Handy auf der Straße und auf öffentlichen Plätzen. Wenn Sie niemanden stören, können Sie in Bahnhof und Zug, auf dem Airport und in der Hotelhalle telefonieren. Ungern gesehen ist das Mobiltelefon auf jeden Fall bei gesellschaftlichen Anlässen (Restaurantbesuch, Empfang) sowie bei Geschäftsbesprechungen und Konferenzen. Sie zeigen sich stillos, wenn Sie das Mobiltelefon im Theater, Konzert, Kino oder bei einem Vortrag angeschaltet lassen. Ausnahme: Sie haben einen Beruf, bei dem Sie »auf Bereitschaft« sind (zum Beispiel Arzt). Hier kann man das Handy eingeschaltet lassen, aber bitte: auf »Vibration« und

»stumm« gestellt! Absolute Tabuzonen sind Krankenzimmer, Arztpraxis, Beerdigungen, Kirche.

Internet, E-Mail und soziale Netzwerke

Ohne Internet geht's nicht! Weder im Job noch im Privaten – und wer mitreden und sich nicht ausgeschlossen fühlen möchte, muss sich also mit diesem Medium beschäftigen. E-Mails gehören heute zur ganz normalen Geschäftskorrespondenz, wir »googlen« uns Wissen an und soziale Netzwerke wie Facebook, Twitter und Ähnliches haben weltweit viele Millionen User – allein Facebook derzeit 800 Millionen.

Im Internet gibt es ebenfalls »gute Manieren«, es gibt sogar einen speziellen Ausdruck dafür: Die Benimmregeln im WWW werden *Netiquette* oder »Netikette« genannt. Sie sind zwar nicht strikt festgelegt, aber dennoch allgemein verbindlich. Wenn Sie nicht als Internet-Rowdy gelten möchten, sollten Sie vor allem zwei Grundregeln beherzigen:

- Schreiben Sie niemals voller Emotion: erst lesen, dann denken, nochmals lesen, nochmals überdenken und dann erst absenden!

• Schreiben Sie nie etwas, was Sie Ihrem virtuellen Gegenüber im »richtigen Leben« nicht auch vor anderen Leuten ins Gesicht sagen würden.

Außerdem sollten Sie beachten:

• Hüten Sie sich vor ironischen Anspielungen. Sie werden oft falsch verstanden.

• Wer in Großbuchstaben schreibt, schreit.

• Zeigen Sie Toleranz, wenn ein anderer Orthografie und Grammatik nicht so gut beherrscht wie Sie selbst. Es ist taktlos, andere auf solche Fehler hinzuweisen. Gerade in Chaträumen, Newsgroups oder Foren.

• Handeln Sie nicht wie ein bekannter Ex-Bundesminister: Für Zitate und Referenzen nennen Sie die Quellen.

• Im Internet wird sich üblicherweise geduzt. Wenn Sie also jemanden siezen, kann das »Du« unhöflich wirken.

Bei E-Mails ist die Netikette noch ein bisschen weitergefasst. Sie agieren beim E-Mailen höflich, wenn Sie

• sich kurz fassen und sachlich bleiben. Eine E-Mail soll für schnelle, formlose Information sorgen.

- sich nicht an Serien- oder Kettenbriefen beteiligen.
- sich ohne Smileys ausdrücken können. In geschäftlichen E-Mails haben diese »Emoticons« eh nichts verloren.
- sich an Hierarchie-Ebenen halten. Nur weil Sie die E-Mailadresse des Vorstandsvorsitzenden kennen, ist das kein Grund, direkte Ansprechpartner zu übergehen.
- Ihre E-Mail genauestens adressieren. Überprüfen Sie die Schreibweise – falls Sie nicht lediglich auf »Antworten« klicken. E-Mails mit nur dem kleinsten Tippfehler erreichen nämlich niemanden.
- berücksichtigen, vor allem bei wichtigen Angelegenheiten, dass Sie trotz »Lesebestätigung« niemals sicher sein können, dass der Empfänger Ihre Mail auch wirklich gelesen hat.
- Ihre »richtige« Adresse zu erkennen geben. Nur dann kann der Empfänger Sie »auf normalem Wege« kontaktieren. Der Absender wird bei Mails »Footer« genannt, denn er steht unter jeder Mail, die Sie verfassen. Hierher gehö-

ren Ihr Absender und Ihre Kontaktdaten – also Ihre postalische Anschrift sowie Telefon- sowie Faxnummer(n).

• auf die Anrede achten: Wie im normalen Brief schreiben Sie beim ersten Kontakt »Sehr geehrte Damen und Herren« (oder eben den direkten Ansprechpartner beim Namen). Seien Sie nicht allzu leger. Das ist auch in der E-Mail kein guter Stil. Da man Mails sehr schnell austauscht, entspricht die Korrespondenz oft eher einem Gespräch. Deshalb vermeidet man bereits bei der zweiten, spätestens der dritten Mail die allzu förmliche Anrede.

• richtig zitieren (»quoten«): Sie dürfen und sollten sogar direkt auf bestimmte Passagen einer E-Mail antworten und nicht die ganze Nachricht wiederholen. Die entsprechenden Sätze werden zitiert (englisch *quote*), die Antwort direkt darunter geschrieben. Es ist höflich und zeitsparend für den Empfänger, wenn Sie alle anderen Textteile löschen.

• die richtige »Betreffzeile« wählen. Sie heißt beim Mailen *subject*, und sie sollte besonders sorgfältig formuliert sein. Denn in jedem Postfach finden sich Mails mit dem Betreff »Wichtig« oder »Dringend«.

• auf besonders große oder unübliche Dateianhänge verzichten. Auch wenn es praktisch ist, Dokumente, Bilder, Tabellen und Programmdateien zu verschicken. Leider verstecken sich in diesen »Attachements« aber oft Computerviren. Verschicken Sie Dateianhänge nur dann, wenn es nötig ist oder Sie dazu aufgefordert werden.

• Ihre Mailbox regelmäßig überprüfen und E-Mails möglichst rasch beantworten.

Soziale Netzwerke werden durchaus auch beruflich genutzt – zum Beispiel Xing oder Plaxo. Sie können die Pflege Ihrer Kontakte einfacher machen und sogar neue Geschäftsbeziehungen herstellen – aber sie sind, wie auch die eher privat orientierten *social media*, mit Vorsicht zu handhaben. Wählen Sie Ihre Netzwerke und vor allem die Informationen, die Sie dort preisgeben, mit großer Sorgfalt aus. Wenn Sie sich dann in den entsprechenden Gruppen höflich und taktvoll verhalten, kann eigentlich nichts schiefgehen: Mit der Netikette sind Sie in jedem Fall gut beraten.

Krankheit und Tod

Ob Sie selbst als Patient zum Arzt oder in die Klinik müssen oder ob Sie einen Besuch im Krankenhaus machen: Beides ist nicht unbedingt angenehm. Machen Sie es sich, dem Arzt und seinem Personal und auch dem Patienten, den Sie während einer Erkrankung ein wenig aufmuntern wollen, so einfach wie möglich.

Wie verhalte ich mich beim Arzt und im Krankenhaus?

Als Patient in der Arztpraxis ist es selbstverständlich, dass Sie einen Termin machen. Selbst bei einer plötzlichen Erkrankung sollten Sie vorher anrufen, damit man sich auf Sie einstellen kann. Einzige Ausnahme ist im Grunde ein Unfall – aber auch da sollten Sie zum Handy greifen und kurz Bescheid geben. Vereinbarte Termine halten Sie bitte immer ein bzw. sagen frühzeitig ab, wenn Sie wissen, dass Sie nicht rechtzeitig oder gar nicht kommen können.

- Ins Wartezimmer gehen Sie, nachdem Sie sich bei der Sprechstundenhilfe gemeldet haben. Sie grüßen freundlich und fragen nach, wer der letzte Patient ist.
- Im Sprechzimmer führen Sie das Gespräch mit dem Arzt und werden möglicherweise auch untersucht. Das wissen Sie meist vorher – und deshalb planen Sie höflicherweise ein bisschen voraus: Kleiden Sie sich so, dass Sie sich rasch aus- und wieder anziehen können. Natürlich tragen Sie frische Kleidung und haben sich selbst ebenfalls »frisch gemacht«.

Als Patient in der Klinik haben Sie bitte alle ärztlichen Unterlagen und Dokumente sowie die Medikamente dabei, die Ihnen verschrieben wurden und die Sie ständig nehmen. Am besten überlegen und notieren Sie sich, welche Informationen Ihnen zu Ihrer Krankheit/Operation vorliegen, welche Fragen auch Sie selbst an den Arzt haben. Mit dieser Vorbereitung erleichtern Sie Ärzten und Pflegepersonal die Arbeit.

• Ein Krankenhaus ist kein Hotel – wenn Sie also nicht schwer krank und bettlägerig sind, dürfen Sie sich durchaus selbst versorgen: Sie klingeln nicht wegen jeder Kleinigkeit, holen sich Tee und andere Getränke selbst. Allerdings so, dass Sie nicht den üblichen Ablauf in der Station stören. Arztvisite heißt: Sie sind in Ihrem Zimmer und man muss Sie nicht erst suchen. Termine (EKG, Röntgen, Labor etc.) halten Sie pünktlich ein, denn jedes Zuspätkommen hält den ganzen Betrieb auf. Rücksichtnahme ist selbstverständlich: TV und Radio schalten Sie nur dann ein, wenn es den Zimmernachbarn nicht stört.

• Handys und andere elektronische Geräte (zum Beispiel ein Laptop mit Modemanschluss) haben im Krankenhaus nichts zu suchen. Empfindliche Untersuchungsgeräte könnten gestört werden. Sie bekommen viel Besuch? Wenn Sie nicht im Bett bleiben müssen, gehen Sie am besten in die Cafeteria.

• Pfleger und Schwestern sind, genauso wie Klinikärzte, hart arbeitende Menschen. Klar also, dass Sie sich bei ihnen ganz besonders bedanken. Vielleicht fragen Sie bei Ihrer Entlassung nach, ob es auf Station eine »Kaffeekasse« gibt, die Sie ein bisschen auffüllen können.

Als Besucher am Krankenbett fühlt man sich meist nicht sehr wohl. Die ganze Atmosphäre in einer Klinik, dazu die Unsicherheit, was man mit dem Kranken besprechen soll und kann, führt leider oft dazu, dass man gar nicht erst antritt. Wichtig und höflich ist es in jedem Fall, auf den Kranken einzugehen und den eigenen Alltag außen vor zu lassen.

- Sie klären am besten telefonisch vorher ab, ob Ihr Besuch überhaupt erwünscht ist. In den meisten Kliniken kennt man heute keine strengen Besuchszeiten mehr, sondern eher »Richtwerte«. Allerdings sollten Sie nur ausnahmsweise nach 20 Uhr abends und vor 9 Uhr morgens zu Besuch kommen.
- Zeigen Sie Ihre Sorge um den Patienten nicht, seien Sie aber auch nicht allzu (gekünstelt) fröhlich. Hören Sie zu, gehen Sie auf den Kranken ein.

• Als Mitbringsel eignen sich kleine Sträuße, die nicht zu stark duften. Ebenfalls praktisch sind Kreuzworträtsel, Sudokus und natürlich Lesestoff. Bei Lebensmitteln klären Sie vorher ab, was der Patient überhaupt essen darf!

• Bleiben Sie maximal eine Stunde, besser sind dreißig Minuten. Selbst wenn der Patient sich über Ihre Anwesenheit freut: Oft kann er nicht einschätzen, wie anstrengend selbst ein angenehmer Besuch sein kann.

Der Todesfall

Es ist wohl für jeden ein Schock, wenn ein nahestehender Mensch – aus der Familie, aus dem Freundeskreis, selbst aus der Runde der Kollegen – verstirbt. Ob nach langer Krankheit oder durch einen Unfall – gerade bei einem solchen Schicksalsschlag steht man oft hilflos da und weiß ganz und gar nicht, wie man sich möglichst am besten und taktvollsten verhält.

Es ist schwer, jemandem in passenden Worten zu kondolieren, dem man nach dem Todesfall zum ersten Mal begegnet. Sagen Sie bitte nicht nur die beiden üblichen Worte: »Mein Beileid«. Das ist wirklich nur eine leere Phrase. Viel ehrlicher und dem Trauernden durchaus verständlich ist es, wenn Sie offen zugeben, dass Sie der Situation hilflos gegenüber stehen. Sprechen Sie es aus, sagen Sie ruhig »Mir fehlen die Worte, um dich/Sie zu trösten«. Das wirkt anteilnehmender und mitfühlender als leere Floskeln. Und: Bieten Sie konkret Ihre Hilfe an. Vielleicht können Sie jemandem Arbeit oder Behördengänge abnehmen und so die schwere Zeit erleichtern. Vermeiden Sie auf jeden Fall platte Sprüche wie »Das Leben geht weiter« oder »Die Zeit heilt alle Wunden«. Lassen Sie auch religiöse Äußerungen (etwa: »Es war Gottes Wille«): Sie wissen nicht immer, wie der Trauernde zu Religion steht. Sicher wollen Sie niemanden bewusst durch eine Unachtsamkeit verletzen.

• Telefonisch können Sie Ihr Beileid immer dann ausdrücken, wenn Sie den Betroffenen nahe stehen und ihm Ihr Mitgefühl möglichst rasch ausdrücken wollen. Aber auch dann ist eine zusätzliche schriftliche Kondolenz »Pflicht«.

Ihr Beileidsschreiben sollte so schnell wie möglich verschickt werden – am besten kurz nachdem Sie die Todesnachricht erhalten haben. Manchmal ist dies nicht möglich. Mehr als eine Woche sollten Sie jedoch nicht verstreichen lassen. Es gibt nur eine »erlaubte« Ausnahme: Wenn Sie in Urlaub oder auf Geschäftsreise waren und erst nach Ihrer Rückkehr von dem Trauerfall Kenntnis erhielten. Gehen Sie in einem solchen Fall in Ihrem Beileidsschreiben kurz darauf ein.

• Es ist unschön, einen Kondolenzbrief mit Schreibmaschine oder Computer zu verfassen. Beileidsscheiben sollten immer handschriftlich sein. Ausnahme: wenn Sie eine wirklich unleserliche Handschrift haben. Das kommt vor – aber selbst dann gehört es zum guten Ton, Anrede und Grußformel mit der Hand schreiben. Absolut tabu ist ein Kondolenzschreiben, das per Fax oder E-Mail ins Trauerhaus verschickt wird.

• Beileidsbriefe werden niemals offen oder als Postkarte verschickt. Und sie sollten nicht durch eine Stempelmaschine laufen, sondern werden mit Briefmarken frankiert.

• Verwenden Sie kein schwarz umrandetes Papier – es ist den Familienangehörigen vorbehalten. Lediglich der Briefumschlag kann einen schwarzen Rand tragen.

Die Trauerkleidung ist in unserem Kulturkreis Schwarz. Dabei gilt die Faustregel: Je näher verwandt man mit dem Verstorbenen ist, desto mehr Schwarz wird in der Kleidung eine Rolle spielen. Entfernte Verwandte und gute Bekannte können auch sehr dunkle Farben wie Dunkelblau oder Dunkelgrau tragen.

• Enge Familienangehörige tragen bei Beerdigung und Trauerfeier die Farbe Schwarz, in jedem Fall aber wenigstens dunkelblau oder dunkelgrau.

• Damen tragen bei einer Trauerfeier ein Kostüm oder langärmliges Kleid. Auch ein dezenter, dunkler Hosenanzug ist möglich. Wenn Sie nicht zum engsten Familienkreis gehören, können Sie zu Kostüm oder Hosenanzug eine helle, auch weiße Bluse tragen. Dazu bitte dunkle (schwarze) Strümpfe und Schuhe.

• Herren tragen einen schwarzen oder sehr dunklen Anzug, mit passender Krawatte, dazu ein weißes Hemd. Haben Sie dem Toten sehr nahe gestanden, nehmen Sie eine schlicht schwarze Krawatte, für entferntere Verwandte und Bekannte ist ein dunkel unifarbener Schlips möglich. Zur Trauerkleidung gehören ausschließlich schwarze Strümpfe und Schuhe.

• Bitte tragen Sie über der dunklen Trauerkleidung keinen hellen Mantel. Das ist ein eindeutiger Stilbruch, selbst wenn man es heute sehr oft sieht. Passender ist ein dunkler Mantel.

• Accessoires wie Regenschirm, Handtasche, Handschuhe sollten ebenfalls farblich abgestimmt und damit dunkel sein.

• In manchen Gegenden ist für Herren das Tragen eines Trauerflors im Knopfloch des Jacketts üblich – ein Zeichen der Ehrerbietung für den Verstorbenen.

Auf dem Friedhof versammeln sich alle Trauergäste sich bereits ein paar Minuten vor dem angegebenen Zeitpunkt vor Kirche oder Trauerhalle. Unpünktlichkeit ist gerade bei einer Trauerfeier und einer Beerdigung ein grober Verstoß gegen Takt und gutes Benehmen.

- Zur Beisetzung, bei der man den Sarg ins Grab legt, kann jeder kommen, der sich dem Verstorbenen nahe fühlte und der von der Beerdigung in der Zeitungsanzeige las.
- Wenn Sie einen Kranz/ein Blumengebinde selbst mitbringen wollen, kommen Sie am besten etwa eine halbe Stunde vor Beginn der Trauerfeier. Dann hat das Friedhofspersonal ausreichend Zeit, Ihren Kranz oder das Gebinde beim Sarg zu arrangieren.
- Halten Sie sich an die Wünsche der Hinterbliebenen: Manchmal sind Kondolenzbesuche und Beileidsbezeugungen ausdrücklich nicht erwünscht. Und wenn die Familie des Verstorbenen statt Blumen oder Kränzen auf eine Spende zu wohltätigen Zwecken Wert legt, kommen Sie dem bitte nach.
- Manchmal liegt eine Kondolenzliste oder ein Kondolenzbuch aus. Bitte tragen Sie sich hier mit leserlicher Handschrift ein. Vielen Trauernden hilft es, wenn sie in Ruhe im Nachhinein lesen, wer dem Toten die letzte Ehre erwiesen hat.

• Von der Kapelle oder Kirche wird der Sarg auf einem Blumenwagen, flankiert von Sargträgern, zum Grab transportiert. Die Reihenfolge im Trauerzug: Der Geistliche, der die Zeremonie vornimmt, folgt dem Sarg, danach kommen die nächsten Angehörigen, hinter ihnen die entfernteren Verwandten und Freunde. Am Schluss des Zuges gehen Kollegen, Nachbarn, Vereinsmitglieder und ganz allgemein Bekannte und andere Trauergäste.

• Hat der Geistliche seine Aussegnungsformel gesprochen, treten als erstes die Hinterbliebenen ans Grab, um sich vom Verstorbenen ein letztes Mal zu verabschieden. Alle anderen Trauergäste schließen sich so an, wie sie im Trauerzug gegangen sind. Ehe- und Lebenspartner, Geschwister oder familiäre Paare wie Vater und Sohn oder Mutter und Tochter treten gemeinsam ans offene Grab, Einzelpersonen alleine.

• In der christlichen Tradition wirft man Erde auf den Sarg. Dafür steht meist eine kleine Schaufel bereit. Sie müssen sich diesem Brauch aber nicht anschließen. Verharren Sie einen Moment in stiller Erinnerung an den Toten. Als Mann machen Sie eine leichte Verbeugung. Denken Sie daran, dass Herren ihren Hut abnehmen, wenn der Sarg ins Grab gesenkt wird.

- Nach der Beerdigung können die Trauergäste den direkten Angehörigen ihr Beileid bezeugen – es sei denn, dies wurde in der Traueranzeige ausdrücklich nicht gewünscht.

ISBN 978-3-85179-189-1

Covergestaltung: Christina Krutz, Riedstadt
Layout und Satz:
Christine Paxmann text • konzept • grafik, München
Gedruckt in der EU

www.thiele-verlag.com